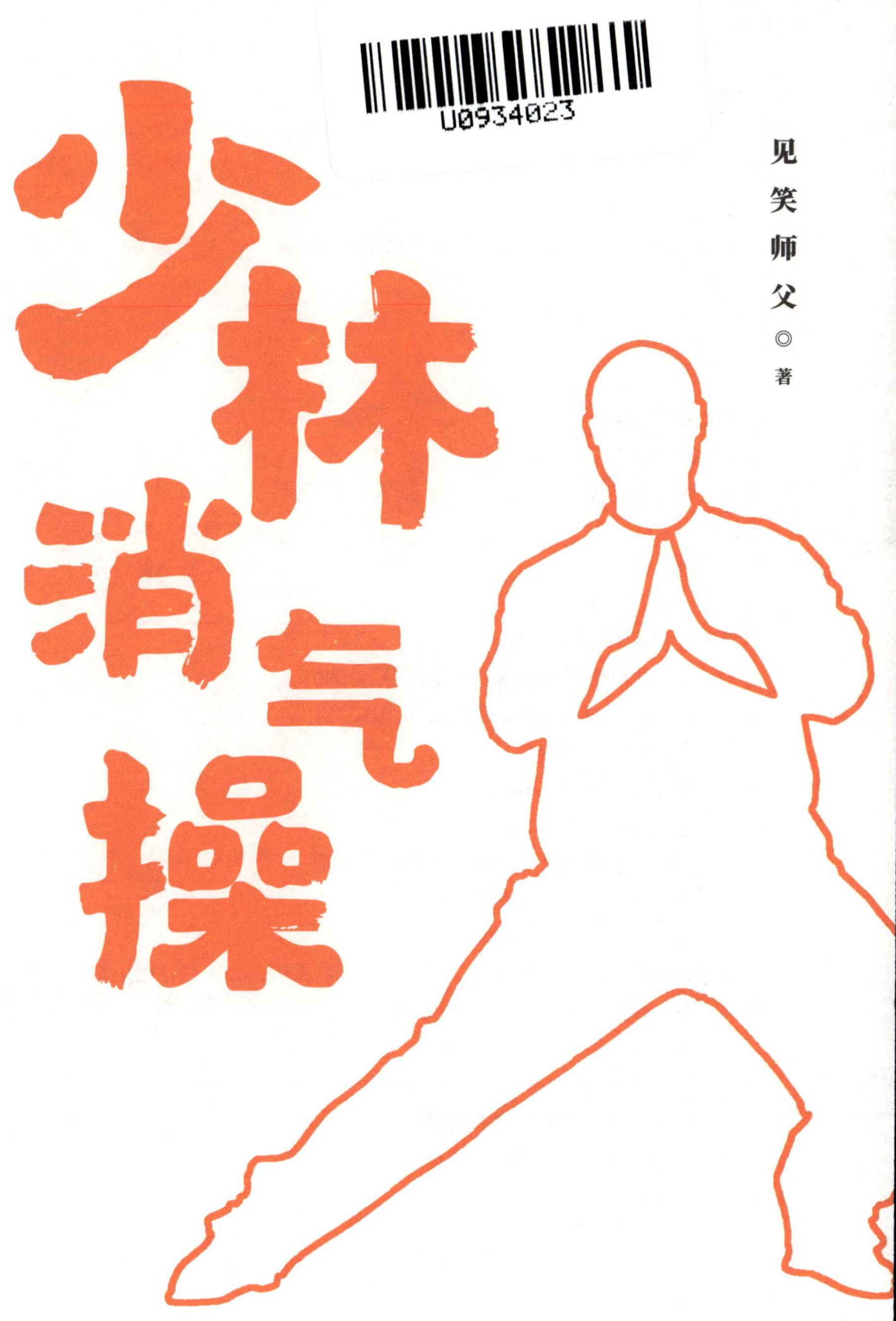

U0934023

少林消气操

见笑师父◎著

光明日报出版社

图书在版编目（CIP）数据

少林消气操 / 见笑师父著 . -- 北京 : 光明日报出版社 , 2025. 5. -- ISBN 978-7-5194-8668-6

Ⅰ . G852

中国国家版本馆 CIP 数据核字第 2025H0N427 号

少林消气操

SHAO LIN XIAO QI CAO

著　　者：见笑师父

责任编辑：孙　展　　　责任校对：徐　蔚

特约编辑：闫雯晰　　　责任印制：曹　净

封面设计：万　聪

出版发行：光明日报出版社

地　　址：北京市西城区永安路 106 号，100050

电　　话：010-63169890（咨询），010-63131930（邮购）

传　　真：010-63131930

网　　址：http://book.gmw.cn

E - mail：gmrbcbs@gmw.cn

法律顾问：北京市兰台律师事务所龚柳方律师

印　　刷：河北文扬印刷有限公司

装　　订：河北文扬印刷有限公司

本书如有破损、缺页、装订错误，请与本社联系调换，电话：010-63131930

开　　本：146mm × 210mm　　　印　　张：7.5

字　　数：120 千字

版　　次：2025 年 5 月第 1 版

印　　次：2025 年 5 月第 1 次印刷

书　　号：ISBN 978-7-5194-8668-6

定　　价：49.80 元

序言

当身体学会歌唱，便找到了重回童年的钥匙

每天早上6:10，当我打开直播间时，儿时的一幅画面总会闪现在眼前。薄雾的清晨，村口的老槐树静静伫立着，青石板上的露水闪着微光，三三两两的村民，已经扛着农具出门了。如今，和我一起相约守候在屏幕前的朋友，虽不再是扛着农具的农人，却也带着各自生活的痕迹。有的人脸上带着熬夜加班后留下的憔悴，有的人眼角藏着生活重担压出的褶子，有的人眉间拧着解不开的愁结。可每当我笑着喊出“早安！我很健康，我很快乐”时，分明能感觉到，屏幕前这些朋友的身体正一点点舒展开来，像故乡春日微风中悠然舒展的柳丝，蓬勃而柔软。

记得第一次教消气操时，我7岁的小侄女好奇地冲进镜头。她学着大人的模样又是跺脚又是叉腰，不一会儿就开心得满地打起滚来。那一瞬间让我顿悟到：所谓“消气”，不过是让成年人重拾孩子般“撒泼打滚”的本真。我们可以以各种搞怪的姿势挥舞双臂、扭动身躯，对着空气做鬼脸，也可以用夸张的“哼哼哈嘿”声把内心的怨气吹成七彩泡泡。

一位连续加班30天的程序员告诉我：当他第108次对着屏幕“呸”掉甲方的无理要求时，眼角竟笑出了泪花。

一位70岁的奶奶曾对我说：有一天，练着练着，突然想起60年前的一个午后，那个扎着麻花辫的10岁小姑娘，正和小伙伴在槐树下跳皮筋儿，雪白的槐花落满了蓝布衫。

一位被抑郁症困扰三年的姑娘，第一次在直播里跟着跳消气操，之后特发来信息：见笑师父，我感觉身体里住着一个会跳舞的小人儿。

一位慢性病患者曾告诉我：每次理疗时，他都会在脑海中幻想跳甩臂操。他把病痛想象成水珠，被双臂用力地甩出身体时，竟然听见了童年雨靴踩水的“啪嗒”声。这让我不禁想起，小时候练功时，师父说过的一句话：《易筋经》不是武功秘籍，而是活动筋骨的开蒙课目。

基于此，我创作出这一套消气操，这套动作里藏着我的小秘密：每个招式都是通向童年的时光胶囊，助力你回归孩子般童真。当你像练“甩臂操”那样张开双臂奔跑时，10 岁时的山风会穿过指缝；当你像做“升阳操”那样仰望天空时，15 岁时躺在麦垛上看云的少年正朝你眨眼。我常常觉得，缺乏锻炼的身体就像一架被尘封的古琴，心中的焦虑如同交错的蛛网，而这套消气操则是掸去古琴上灰尘的鸡毛掸子，是调校琴弦的玉扳指。当身体有节奏地动了起来，你就能感受到生命齿轮重新咬合的欢畅。

我希望，这本书不是一本养生指南，而更像是写给成年人的童话。每个夸张的动作仿佛都在告诉我们：允许自己像孩童般撒欢儿。你可以在客厅里练“螃蟹横走”，在阳台上学“大鹏展翅”，在厨房对着汤锅“哈——”出白气，释放被社会规训捆住的童真。提笔至此，眼前忽地掠过许多面孔：把会议室当练操房的职场妈妈，戴着呼吸机跳升阳操的尘肺病患者，在ICU窗前比画消气操的子女……是他们让我明白：所谓养生，不过是教大人找回孩童玩耍的本真。

当你跟着这些动作，真正地开怀大笑时，那个被遗忘在岁月深处的小孩儿，正蹦蹦跳跳地穿越时空来拥抱你。

翻开这本书吧，让手指沾上墨香，也沾上晨露的清凉。不必正襟危坐，也不必焚香沐浴，甚至不用换上运动装。只需像三岁孩童学步那般，允许自己笨拙，放任自己嬉闹。你会发现，原来生命的真谛，早就写在童年滚铁环的叮当声里。

来吧，朋友们！让我们一起把书房变成游乐场，让翻动书页的声音成为新的拍打节奏，让我们一起把开心的心法像播撒种子般传递出去。当第一缕笑意从丹田升起，你会听见身体在轻轻哼唱：久违了，我的小主人。

见笑师父

记于雨水晨光中

目录

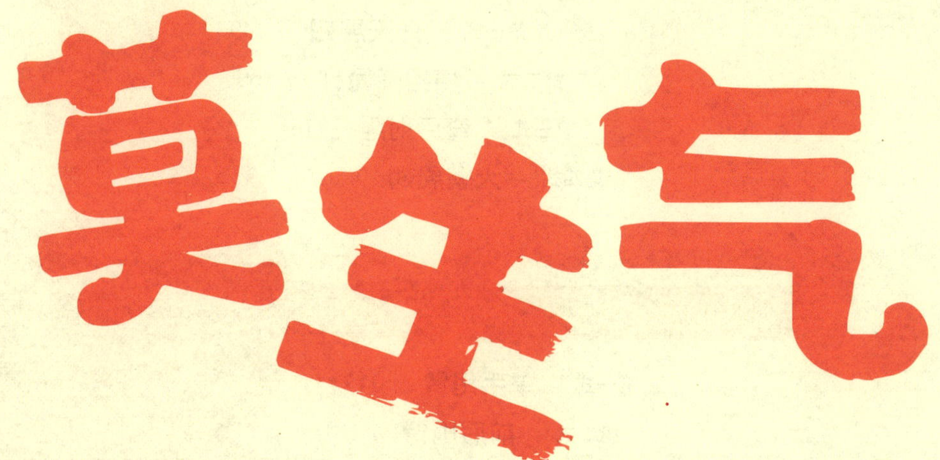
莫生气

不内耗

第一章

少林开心操

一起开心

一起练

当清晨的第一缕阳光洒在脸上，我们不妨伸一个大大的懒腰，

大声地对世界说：『开心，快到我这里来。』生活难免有阴霾，

但别忘记，我们每个人都有召唤开心的魔法。

『笑一笑十年少，愁一愁白了头。』既然如此，何必不开心呢？

今天的你，也一定要开心哦！

第一式 鹿步观止

瞧，这“鹿步观止”的动作多独特！

双手叉在腰间，脚后跟点地，将重心压在后脚上，接着抬头挺胸，下颌微微上翘，整个人仿佛化身为一只高贵的梅花鹿，以灵动的步伐和轻盈的身姿向前行进，尽显优雅姿态。

“常踮脚，人不老。”来吧，让我们一起跟上步伐，锻炼起来。

一、锻炼部位

二、动作要领

1. 静立调息，身正势稳

自然站立，双脚平稳着地，双手轻叉于腰间，调整呼吸，使气息缓缓下沉，仿若将自身与大地相连。与此同时，保持身体中正，脊柱向上延展，展现出一种沉稳而宁静的风姿。

2. “鹿步”轻探，顾盼生姿

左腿缓缓勾起脚尖向前轻伸，脚后跟轻轻点地，形成稳定支撑。同时，右腿膝

图 01

静立调息，身正势稳，双手轻叉于腰间

盖微微弯曲下蹲，身体重心随之适度下沉。与此同时，头部左右转动进行探望，动作轻盈且敏锐，仿佛灵动的小鹿在感知周围的环境。

图 02

左脚脚尖向前轻伸，脚后跟点地，右腿膝盖弯曲下蹲，头部左右转动

3. 交替有序，循序渐进

依照上述动作要领，左右脚交替进行。每完成20~30次为一组，建议进行3~4组。在练习过程中，随着身体的适应程度，逐渐提升动作的连贯性与协调性。

4. 形神兼备，感悟自然

此步法巧妙融合了梅花鹿的警觉与特有的轻盈步态。

练习此动作时，我们要用心体会鹿的灵动与敏锐，好似化身林间小鹿与自然融为一体，注重肢体表现力。

图 03

左右脚交替进行

三、注意事项

图 04
鹿步观止侧面

1. 进行此动作时，头部转动与肢体动作应相互协调，紧密配合。要避免因过于急切地扭转身体致使身体失衡，引发眩晕之感。

2. 在屈膝向前轻点足跟的过程中，特别要精准把控膝盖发力的力度。发力既要保证动作的轻盈自然，又要提供足够的支撑，以展现动作的神韵。

3. 若膝盖存在伤病且未完全痊愈者，务必秉持谨慎态度。在开展此项锻炼之前，应先行咨询专业的医生或运动康复师。遵循专业的建议，确保身体状况适宜进行该动作后，方可进行练习，以避免因不当运动对膝盖造成进一步损伤。

图 05
鹿步观止背面

4. 本书各章节中对各式动作与呼吸的配合只做一般提示。对于初学者而言，姿势正确、动作规范是练功入门的基础，每个人的肺活量各有不同，且练功水平和程度也不同，切忌刻意追求、生搬硬套。待动作熟练后，再关注呼吸与动作的配合，建议顺其自然，追求不调息而息自调的境界。

第二式 飞鸟舒翼

“飞鸟舒翼”这个动作可太有意思啦！

双脚脚后跟轻巧地交替点地，随之有韵律地上下甩动双臂，脚下则跨出一种潇洒又随性的姿态，如同展翅翱翔的飞鸟一样，无忧无虑，自由自在。

一、锻炼部位

二、动作要领

1. 静立调气，身正体和

自然直立，双脚稳稳着地，双手轻柔地下垂于身体两侧。调整呼吸，使气息悠悠沉降，似乎能感知到气息与大地相连。在此过程中，身体保持中正平和之态，不偏不倚，犹如挺拔的青松般沉稳而宁静。

2. 点足挥臂，交替灵动

左腿向前伸，足跟轻轻点触地面，动作轻盈而富有节奏。与此同时，左手臂顺

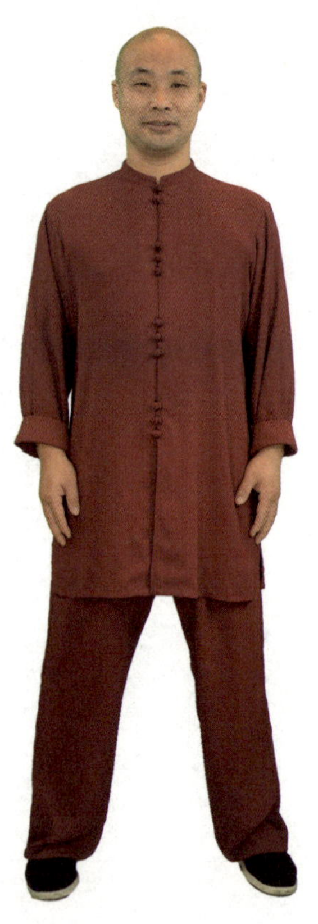

图 01

静立调气，身正体和

势伸直，向后自然而流畅地摆甩，犹如微风中舒展的柳枝；右手臂亦伸直，向上悠然扬甩，恰似展翅欲飞的鸟儿。随后，双臂放松，左腿收回，接着右腿前伸交替重复此动作。整个过程动作连贯自然，一气呵成。

图 02

点足挥臂，交替进行

3. 神思入形，尽显优雅

在挥臂的瞬间，尝试融入神思，幻想自己的双臂宛如鸟儿翱翔于广袤长空时展开的翅膀，潇洒优雅之姿尽显。通过这种想象不仅赋予动作更丰富的情感，也有利于达到心神合一的境界。

图 03

左右交替进行

4. 有序练习，循序渐进

左右交替进行上述动作，每完成20~30次作为一组，建议进行3~4组。

练习过程中，可根据自身状况和适应程度，逐渐调整动作的速度与力度，以达到更好的锻炼效果。

三、注意事项

1.练习时，自在地舒展手臂，并充分地调动想象力，赋予动作以灵动之美。特别注意保持适度的甩臂幅度，防止因幅度过大让关节和肌肉受损。

2.在向两侧撑拉手臂的过程中，随着手臂的伸展缓缓吸气，在动作回收时徐徐呼气，借由呼吸的调节，使身心达到放松与平衡。切不可憋气，憋气会扰乱身体的气血运行，导致身体局部紧张，影响动作的流畅性与舒适度。

3.练习过程中，要始终保持身体的平衡与稳定。尤其在执行屈膝、换步动作时，更需全神贯注，避免身体晃动。

图 04

飞鸟舒翼侧面

图 05

飞鸟舒翼背面

第三式 虎影熊背

"虎影熊背"这个动作很有讲究！

先将左脚向左轻轻点地，接着向左扭腰扭臂，左扭扭右扭扭，带动肩颈腰背，从而有效地强胃健脾，促进气血循环，让身体更轻松，手脚更灵活！

一、锻炼部位

二、动作要领

1. 静立调气，中正安舒

自然站立，双手自然垂于身侧，随后慢慢松握成拳。缓缓调节呼吸，使气息沉稳下沉，仿若与大地相连，让身体保持中正平和之态，内心宁静，为后续动作奠定基础。

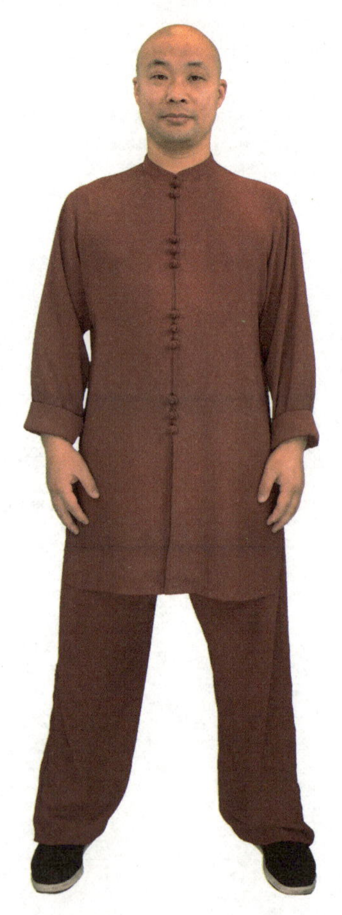

图 01

静立调气，中正安舒

图 02

单腿承重，虚步点地，转体旋臂

图 03

左右交替进行

图 04

虎影熊背侧面

图 05

虎影熊背背面

2. 单腿承重，虚步点地

以右脚为坚实支撑，缓慢屈膝，如同老树扎根，沉稳有力。与此同时，将左脚脚后跟轻轻向左侧方点地，动作轻盈且稳健，形成虚步之势，展现出动静相宜的姿态。

3. 转体旋臂，刚柔并济

完成上述动作后，身体向左转动45度，犹如微风中转动的罗盘，平稳而有序。此时，左臂屈臂握拳，向外翻转，恰似虎爪蓄力待发，充满力量；接着右臂直臂握拳，向内转动，宛如熊臂内敛劲道，刚柔并济。完成左侧动作后，换右侧重复，左右交替，一气呵成。

4. 融虎熊之姿，彰矫健沉稳

在扭腰动作过程中，巧妙融入模拟虎影闪动的技巧，捕捉虎的敏捷与发力瞬间，每一次转身皆如虎影穿梭，迅猛而敏捷。

同时，效仿熊背发力方式，以背部肌肉为核心，带动全身力量，增强动作的稳健性与力量输出，尽显熊的沉稳与雄浑。

5. 交替有序，循序渐进

左右交替进行上述动作，每20~30次为一组，共完成3~4组。练习时，应根据自身状况循序渐进，逐步提升动作的连贯性与协调性，以达最佳锻炼效果。

三、注意事项

1. 进行此动作时，着重掌控腰部扭转与身体侧弯过程中的发力技巧。初次接触此项练习，建议放缓节奏，随着练习的深入与身体适应能力的增强，再逐步调整发力的强度与动作的难度。

2. 练习中，应始终保持均匀而深长的呼吸，使气息贯穿于每一个动作之中，从而达到气定神闲的练习境界，避免出现屏气或呼吸急促的现象。

3. 保持含胸拔背的姿势。含胸，内收胸部，使气息下沉；拔背，让背部自然伸展，如同拉开的弓弦，充满弹性与力量。

4. 精准把握每个动作起承转合的节奏点，如同演奏一首和谐的乐章，不可随意打乱节拍，如此方能充分发挥“虎影熊背”动作的功效。

第四式 灵猿冲霄

瞧呀，“灵猿冲霄”这个动作多有趣！

首先，左脚向左稳稳地迈出一步，随后右腿收，右脚轻轻点地，与此同时，右拳迅猛向上冲去。左拳、右拳交替着向上冲拳，好似灵猿般灵动、有活力。

让我们一同学习灵猿的敏捷，锻炼反应速度，提升身体的灵活性，舒缓内心的疲惫，释放生活的压力。左拳冲，右拳冲，向着开心冲，向着健康冲，向着美好的生活全力迸发！

一、锻炼部位

二、动作要领

1. 静立调气，中正安舒

首先，以自然舒展的姿态站立，双手轻柔地下垂于身体两侧。缓缓调节呼吸，让气息如潺潺溪流般沉稳下沉，感受天人合一的放松状态。

在此过程中，保持身体处于中正平稳之态，宛如一棵挺拔的青松稳立大地，为后续动作奠定坚实基础。

图 01

静立调气，中正安舒

2. 移步冲拳，灵动有序

图 02
移步冲拳

向左横向迈出一步，双手自然握拳，沉稳置于腰间，蓄势待发。接着，右脚向左并拢，就在并拢的瞬间，左手迅猛向上冲拳，拳心朝前，犹如灵猿奋起直上，充满力量。

冲拳之时，膝盖顺势微微弯曲，以增加动作的稳定性与爆发力。完成左侧动作后，随即换至右侧重复相同步骤，左右交替，有条不紊地进行。

3. 神形合一，畅享愉悦

图 03
左右交替进行

在整个动作过程中，尝试将自己想象成穿梭于林间的猿猴，灵动自如，充满生机与活力。每一次向上冲拳，都要全身心地投入，如同正奋力攀爬高耸的树木，准备冲向云霄。

同时，面带微笑，让内心的快乐自然流露，尽情释放快乐因子，使动作在欢快的氛围中进行，达到身心愉悦的境界。

4. 有序练习，循序渐进

左右交替进行上述动作，每完成20~30次设定为一组，总共进行3~4组。

练习过程中，可根据自身的身体状况与适应程度，逐步调整动作的速度与力度，循序渐进，以实现最佳的锻炼效果。

图 04

灵猿冲霄侧面

三、注意事项

1. 此动作对肩部的稳定性与灵活性要求颇高，因此，在做动作前，要特别注重对肩部进行全面且充分的热身准备。在执行快速向上冲拳与并步环节时，务必精确掌控力度。

2. 该动作设计的初衷，旨在模拟灵猿的灵动与活力，在强调速度与力量的同时，需保持轻松愉悦的心情，实现身心和谐统一，充分领略运动带来的乐趣。

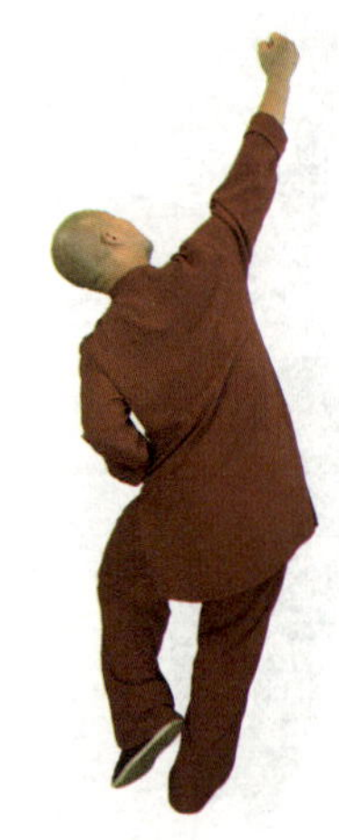

图 05

灵猿冲霄背面

第二章
···
少林消气操

抖出健康

抖出快乐

没必要！没必要！没必要对没必要的人，做没必要的事，生没必要的气。

遇到让你心烦的人，碰上不如意的事，赶快在心里默念消气口诀：莫生气，莫生气！让坏情绪就此打住。

第一式 抖肩

来，朋友们，双脚打开，让肩膀自然下垂，手臂也随之放松，就像微风中轻轻摇曳的柳枝，让整个身体都沉浸在一种全然放松的状态里。

老话说得好，百练不如一抖。看似简单的抖动，实则蕴含着奇妙的力量。在抖动之间，让烦恼如轻烟般飘散，让忧伤似落叶般滑落，让所有的不开心都随着身体的律动被抛到九霄云外。

尽情地抖动起来吧，抖出健康，抖出快乐，抖出全新的自己！

一、锻炼部位

肩膀　五脏六腑　膝关节

二、动作要领

1. 静立生根

自然站立，保持双脚内侧间距与肩同宽，调整呼吸，使气息缓缓下沉，仿若将自身与大地相连，身体保持轻盈直立之态。微微弯曲膝盖，肩部与手臂充分放松，周身自在舒展。

随后，双手缓缓抬举至下丹田位置，掌心朝上，指尖相对，似在轻轻托举大自然的浩然能量，感受天地间的微妙连接。

图 01

静立生根，调整呼吸

图 02

脚腕与膝关节有节奏地上下抖动

2. 固本培元

脚腕与膝关节协同一致，富有节奏地上下抖动。在此过程中，想象自己如苍劲古树，根系牢牢扎于大地，肩膀、手臂及手腕亦顺势应和，随节奏同步起伏，借由这抖动，促使能量自脚底涌泉穴沿着身体向上蔓延，恰似风中树枝摇曳生姿，充满蓬勃生机。

3. 归于平静

动作收尾，缓缓挺直身躯，将双手轻柔地覆盖于小腹之上。静下心来，悉心感受身体每一个器官的细微律动。伴随着深呼吸，每次呼气时，将全身的紧张与压力尽数释放，回归平和宁静之境。

图 03

抖肩侧面

三、注意事项

1. 在进行抖肩动作的过程中，维持身

体平衡，发力应当适度，切不可用力过度，以免对关节造成不必要的损伤。

2.对初学者而言，依据自身状况与运动能力，灵活调整抖动的幅度与速度。从较为轻柔、缓慢的节奏开始，逐步适应后再根据实际情况进行合理的调整与进阶。

图 04

抖肩背面

第二式 拍臀

臀部经常冰凉，半夜脚指头总是焐不热，那是血液流通不畅啦。

别担心，有个简单的办法——拍臀部！环跳穴可是个“宝藏穴位”，经常拍打它能疏通经络，促进气血循环，让身体暖起来，还能改善腰椎间盘突出。赶紧动起来吧！

一、锻炼部位

二、动作要领

1. 静立固根

自然站立，双脚自然分开，使双脚内侧间距与肩同宽，调整呼吸，微微屈膝，胯部轻缓下沉，呈高马步姿势，于此间体悟脚踏实地的沉稳坚定，仿若与大地紧密相连，汲取无尽力量。

随后，双手缓缓平举至身体两侧45度方位，呈空心掌状，掌心向下，恰似雄鹰振翅欲飞，尽显舒展与豪迈。

图 01

静立固根，调整呼吸，呈高马步姿势

图 02

双手缓缓平举至身体两侧 45 度方位，呈空心掌状，掌心向下

图 03

有节奏地拍打环跳穴

图 04

拍臀侧面

图 05

拍臀背面

2. 振势畅行

脚腕与膝关节协同动作，有节律地上下抖动，其韵律犹如山间清爽的微风，悠然穿越幽深谷底，灵动而富有生机。伴随着这一节奏，双手以空心掌轻柔地拍打两侧臀部的环跳穴。

不妨展开想象：每一次拍打，宛如一滴晶莹水珠悄然坠落在静谧无波的湖面，刹那间激起层层涟漪，这涟漪在身体的“经络之湖”上悠悠荡漾。它如同精巧的钥匙，轻轻开启经络的锁扣，让气血仿若灵动的溪流，畅通无阻地穿梭于身体各处，滋养着每一寸生命。

3. 融归自然

随着动作的推进，徐徐放缓拍打的节奏，让动作渐趋舒缓。最终，双手轻柔地覆于小腹之上，缓缓地深呼吸，使全身得到深度放松。

在这宁静的瞬间，用心感受身体与大自然的完美交融。想象身体已融入自然的怀抱，内心满溢着平和与满足，世间纷扰皆已远去，只余这份与自然合一的宁静与美好。

三、注意事项

1. 进行该动作过程中，要维持均匀流畅的呼吸节奏。需避免屏气，亦不可过度用力呼吸，以防扰乱气息平衡，为身体各部位的协调运作提供稳定支持。

2. 拍臀动作应以轻柔且具控制力的方式进行。要杜绝剧烈、突兀的拍打造成关节与肌肉的损伤。

3. 初学者应从简单、轻柔的动作起步。依据自身状况与适应情况，逐步增强动作幅度与强度，切不可操之过急，以免给身体带来不必要的负担。

第三式 夹腋

总是忍不住生闷气，身体像被拧紧的发条般僵硬，还时常担惊受怕。朋友们，一定要注意啦！

不妨试试“夹腋”，这个动作虽然简单，却能有效地助你释放压力，让紧绷的神经松弛下来，更能疏肝解郁，还你轻松舒畅的身心。

快行动起来吧！

一、锻炼部位

二、动作要领

1. 静立固根

首先，自然站立，双脚从容分开，使双脚内侧间距与肩同宽，调整呼吸，让身体处于一种全然放松的状态。微微弯曲膝关节，胯部轻缓下沉，做出高马步的姿势。

在这一过程中，细细体会脚踏实地所带来的沉稳与坚实，仿佛身体“根植”于大地，汲取其源源不断的力量。同时，双手缓缓握拳，两肘匀速上抬，直至与肩齐

图 01

静立固根，调整呼吸，呈高马步姿势

图 02- 图 03

两肘上下夹腋、抬震，并配合点脚、颤膝

图 04

夹腋侧面

图 05

夹腋背面

平，两拳相对，拳心向下，力量贯通于手掌，蓄势待发。

2. 鹰振羽翅

脚腕与膝关节协同一致，有节律地上下颤动，恰似微风轻拂，带动枝叶摇曳，富有节奏感。随着这一节奏，两肘如灵动的羽翼，上下夹腋、抬震，生动地模仿小鸟振翅欲飞的姿态。在此过程中，巧妙配合点脚、颤膝的动作，以适中的力度进行夹腋。

每一次动作，都能清晰地感受到腋下及上肢逐渐放松，活力在身体中悄然涌动。此时，自己好似一只轻盈的小鸟，在云雾缭绕间欢快翱翔，翩翩起舞，悠然自得。

这一系列动作，不仅带来身心的愉悦，更能有效地刺激位于腋下的极泉穴，促进腋下淋巴循环，如同为身体内部的“河流”清除障碍，让其顺畅流淌。同时，压力也随之释放，精神得到极大的提振，焕发出勃勃生机。

3. 复归静谧

动作临近尾声，缓缓挺直身躯，将双手轻柔地覆盖在小腹之上。同时，缓缓进行深呼吸，让气息在身体中顺畅流转，带动全身肌肉逐渐放松，仿佛所有的疲惫与紧张都随着呼气飘散而去。

此刻，用心去感受身体与大自然的完美融合，好似能听见微风的低语，能感受到阳光的轻抚。内心被一种深深的平静与满足所填满，好像世间的喧嚣都已远去，只留下这份与自然和谐共生的宁静与美好。

三、注意事项

1. 在进行夹腋动作时，需依据个人身体状况与舒适度，审慎调整动作速度及幅度。每个人的身体机能与柔韧度存在差异，务必避免因过度拉伸或用力不当，致使肌肉拉伤与关节扭伤。

2. 振臂时缓缓吸气，令气息充盈身体，助力胸腔展开；还原时徐徐呼气，将浊气顺畅排出，使身体恢复平稳。呼吸与动作协同，可有效维持身体的协调性与平衡感，提升锻炼质量，避免因呼吸紊乱引发不适。

3. 整个动作过程中，应着力保持肌肉的放松状态。过度用力或肌肉僵硬，不仅会降低动作的流畅性，还会增加受伤风险。

第四式 扭腰

想要身体好，练腰少不了！

跟我这样做：先将肩膀提起，再快速下沉，同时伸直手臂，张开手掌，手指用力上翘，用掌根发力向下按，这时，你就能感受到手掌微微发麻，肩膀和手臂畅通的感觉了。接着，向左扭腰摆胯，向右扭腰摆胯。就这么简单，大家一起练起来，左扭扭，右扭扭，腰背酸痛都赶走，健康生活到永久！

一、锻炼部位

二、动作要领

1. 静立固根

自然站立，双脚从容分开，使双脚内侧间距与肩同宽，调整呼吸，让身体处于放松且沉稳的状态。微微弯曲膝关节，胯部轻缓下沉，呈高马步姿势，于此过程中，细细体悟脚踏实地所带来的坚实之感，仿若与大地紧密相连，汲取无尽的安定之力。

图 01

静立固根，两臂自然伸展打直

图 02- 图 03

扭腰摆胯，脚腕与膝关节有节律地左右颤动

图 04

扭腰侧面

图 05

扭腰背面

同时，两臂自然伸直，置于胯部两侧约45度位置，手指微微上翘，以掌根为着力点，向下缓缓推掌，初步感受身体力量的凝聚与释放。

2. 扭腰摆胯

脚腕与膝关节协同动作，有节律地左右颤动，如同微风轻拂湖面，泛起层层柔和的涟漪。随着这一节奏，腰部带动胯部轻盈地左右摆动，姿态恰似风中杨柳，轻柔曼妙，自然流畅。

在扭腰摆胯的过程中，两臂配合向左右两侧顺势向下推掌，同时巧妙地提肩沉肩，始终以掌根发力，确保动作的连贯性与协调性。此刻，整个身体宛如风中摇曳的树枝，充满生机与活力。通过这一系列动作，能够有效地刺激腰部经络，犹如疏通河道，使肾气得以顺畅流通，对缓解腰部不适有着积极的作用。

3. 复归宁静

动作接近尾声，缓缓挺直身躯，将双手轻柔地覆盖在小腹之上。随后，静下心来，缓缓进行深呼吸，让气息在体内均匀流转，带动全身肌肉逐渐放松，尽力将所有的疲惫与紧张都随着呼气排出体外。

在这静谧的时刻，用心去感受身体与大自然的完美融合，仿佛能与自然的韵律同频共振。内心深处涌起一种平静与满足，犹如置身于宁静的世外桃源，尘世的纷扰皆已远去，只留下这份与自然和谐共生的美好。

三、注意事项

1. 在进行扭腰动作的过程中，两臂向两侧推掌时，需以掌根为发力核心。发力之际应切实感受到掌根部位凝聚力量，且推掌动作要蕴含一种推、撑之感，仿佛在缓缓撑开周围空间，使身体的力量得以充分延展与释放，进而增强动作的锻炼效果。

2. 扭腰摆胯动作应遵循稳定而流畅的节奏，如同乐曲中的节拍，有条不紊。在摆动过程中，要注重向两侧的推掌动作，务必做到力度适宜且角度到位。这不仅能保证动作的规范性，更有助于刺激腰部及周边经络，提升整体锻炼功效。

第三章

少林肩颈操

松肩活背

年轻十岁

『背薄一寸，年轻十岁。』

把肩颈背锻炼好，整个人仿佛年轻十几岁，轻松焕发出健康好气色，塑造年轻好体态。别再犹豫，快来一起松肩、松颈、活背，开启逆龄焕新之旅！

第一式 开合掌

总低头刷手机，导致视力模糊、头脑昏沉？还圆肩驼背没气质？快来试试开合掌！动作简单，功效强大——展肩扩胸，放松肩颈。

练上几回，保你身姿挺拔，气质立显，精气神也回来了！快练起来吧！

一、锻炼部位

二、动作要领

1. 起始站姿

首先，保持自然站立的姿态，双脚平稳地置于地面，两脚内侧间距与肩部宽度相当，挺直身躯，调整呼吸，气沉丹田，保持舒展沉静的精神状态。

随后，双手以舒缓、轻柔的动作缓缓抬起，直至到达胸前膻中穴的位置。此时，双手与身体保持一拳左右的距离，而后双手合十，两掌与身体形成 60 度的夹角，姿态优雅，自然而和谐。

图 01

双手抬起至胸前膻中穴，双手合十

图 02

双手同步向身体两侧横向打开，头向后仰，肘关节自然弯曲至 90 度，手掌心朝前

图 03

完成一次开掌后，将目光聚焦于合十指尖，气沉丹田

图 04

开合掌侧面

图 05

开合掌背面

2. 目视与气息调整

在完成上述动作后，将目光聚焦于合十的指尖，同时，缓缓引导气息下沉，感受气息沉稳地落于丹田，使身心进入一种宁静且专注的状态。

3. 吸气伸展

首先，以舒缓的节奏开始吸气，同时，缓缓扩展胸腔，如同莲华绽放般自然而舒展。在这一过程中，双手同步向身体两侧横向打开，肘关节自然弯曲至90度，手掌心朝前，似乎在轻轻推动前方的空气。头部向后仰起，带动两臂进一步向后伸展，让肩胛骨相互靠拢，如同两片收拢的羽翼。

与此同时，胯部顺势向前顶出，以此来维持身体的平衡与稳定。在这个动作达到最大幅度的伸展时，稍作停顿，保持两秒，用心感受颈部前方肌肉的拉伸以及大椎穴所在部位受到的挤压。

4. 呼气回收

接下来，以均匀且缓慢的速度呼气，双手随之向内缓缓合拢，此时掌心相对，仿佛将气息收拢到掌心。同时，头部也缓缓回正，背部自然弓起，如同一张拉满的弓，以此挤压胸部，感受身体的收缩与放松。

三、注意事项

1. 保持肩部放松，避免端肩。端肩会破坏整体动作的协调性与流畅性，且易引发肩部肌肉紧张，不利于动作的有效执行。

2. 当头部向后仰时，胯部应同步向前适度挺出，在此过程中，务必精准掌控身体重心。身体重心的稳定是维持动作平衡的关键，若重心失衡，极可能摔倒，引发不必要的危险。

3. 在做动作时，应确保动作力度适中，切勿过度用力。过度用力不仅可能致使肌肉拉伤，还可能对关节造成损伤，影响身体的正常活动功能与健康。

4. 练习时，要遵循循序渐进的原则。在身体适应当前动作强度后，再逐步增加动作的幅度与频率。如此可避免因突然加大运动量而引发不适。

5. 当动作达到最大幅度时，可短暂憋气，在完成过程中，呼吸应保持细、匀、深、长。这种呼吸方式有助于调节身体内的气息循环，为身体提供更充足的氧气，增强动作的稳定性与节奏感。

第二式 头颈相争

如果你感觉脖子又僵又硬，连转头都困难，不妨试试“头颈相争”这个动作，为颈部松松绑。在练习过程中，颈部两侧的经络会得到充分拉伸，气血如同解冻的溪流般重新畅通起来，全身也会随之感到轻松畅快。

快来试试吧！

一、锻炼部位

二、动作要领

1. 起始站姿

首先呈自然站立姿态，双足平稳着地并自然分开，使双脚内侧间距与肩同宽，调整呼吸，同时身躯保持轻松且笔直的状态，周身散发着一种自然而沉稳的气息。

接着，双手以舒缓的节奏缓缓抬起，朝着胸前膻中穴的位置移动，当到达该位置时，双手与身体保持约一拳的距离。随后，双手轻柔地

图 01

自然站立，双手合十

图 02

头部向左右转动，并向下注视

图 03

交替进行

图 04

头颈相争侧面

图 05

头颈相争背面

合十，两掌与身体巧妙地形成60度夹角，此时掌心相对，身心处于一种静谧且和谐的氛围。

2. 左侧转动与平移

在保持上述起始站姿与手部动作的基础上，头部以平稳且流畅的姿态缓缓向左转动，双眼尽力朝着后下方注视，如同在探寻特定的视角。

同时，保持合十状态的双手，以轻柔且匀速的动作向右平移。在整个移动过程中，务必确保头部与双臂始终保持水平移动，维持动作的协调与平衡，动作连贯且姿态优雅。

3. 姿态回正

完成左侧动作后，头部与双手以缓慢且柔和的节奏，逐步回正至初始的位置与状态，动作过程中注重身体各部位的协调性与平稳性。

4. 右侧转动与平移

紧接着，头部以平稳流畅的方式缓缓向右转动，双眼依旧尽力向后下方注视。与此同时，合十的双手则轻柔、匀速地向左平移。在此过程中，依旧保证头部与双臂始终保持水平移动，展现出动作的规范性与流畅性。

三、注意事项

1. 双臂移动幅度应以有轻微拉伸感为宜，避免过度牵拉肌肉与韧带。

2. 头颈转动速度要缓慢、均匀，不要突然快速转动头部，以免对颈部造成损伤。可以先从较小的幅度和较慢的速度开始，逐渐适应后再适当增加幅度和速度。

3. 在头颈转动过程中，要尽量保持头部和双臂的平稳，避免上下晃动或倾斜。

第三式 九鬼拔刀

倘若你正为脖子不适、肩膀僵硬，以及厚实的背部而困扰，不妨尝试练习“九鬼拔刀”。

这一古老而精妙的动作，不仅能让肩背肌肉的紧张感渐渐消散，还能改善体态，更能让你在忙碌生活中寻得片刻宁静与放松。

赶快一起来试试吧！

一、锻炼部位

肩胛提肌

二、动作要领

1. 起始站立姿势

首先呈自然站立姿态，两脚自然分开，两脚内侧间距与肩同宽，调整呼吸，气沉丹田、下盘若山，整个身体处于一种放松且舒展的姿态。

图 01

自然站立，左手向上抬起，放置于与肚脐正相对的后腰部位，手掌心向外。

右手抬至脑后，自然落下，轻轻扶按于后脑勺玉枕穴

图 02

身体向左转动 45 度，
双腿弯曲呈下蹲之势

图 03

九鬼拔刀侧面

图 04

九鬼拔刀背面

图 05

交替重复上述动作

2. 双手动作调整

接着缓缓吸气，随后左手以舒缓、轻柔的动作缓缓向上抬起，直至放置于与肚脐正相对的后腰部位，手掌心向外。与此同时，右手抬至脑后，自然落下，轻轻扶按于后脑勺玉枕穴位置。

3. 左侧扭转伸展

以均匀且缓慢的节奏呼气，身体平稳且缓慢地向左转动45度。位于上方的手臂与头部协同配合，以轻柔且匀速的节奏，缓缓朝着左侧膝关节方向移动。与此同时，双腿微微弯曲，呈下蹲之势。

在整个动作执行过程中，悉心感受自颈部后侧起始，顺着大臂，一直延伸至背部脊柱的拉伸之感。当动作达到最佳伸展状态时，保持此姿势3秒，确保身体各部位的稳定，充分体会肌肉与骨骼的拉伸变化。

4. 身体回正

完成左侧的扭转伸展动作后，在维持两手臂位置固定不变的前提下，身体逐步缓慢地回正至初始的直立状态。回正过程中，关注身体的协调性与稳定性，保证动作流畅自然。

5. 左右交替

右手放下，反手上提，以手背贴于后腰间；同时左手提至脑后。相反方向把这个动作再做一遍。

三、注意事项

1.动作速度不宜过快，幅度也不宜过大，避免因过度拉伸或用力过猛，而导致肌肉拉伤与关节扭伤。在运动过程中，应充分倾听身体的信号，确保动作的执行处于身体可承受的范围之内。

2.通常起身阶段应缓缓吸气，借助气息的提升助力身体向上；而在向下抻拉阶段，则应均匀呼气，使气息下沉，以此维持身体的协调性与平衡性。

3.在整个动作过程中，应保持肌肉处于放松状态，避免用力过度或身体出现僵硬现象。在上身扭转时，牢牢把握下肢力量，保持下肢半马步的稳定性。

第四式 通肩活背

你是否感觉肩上仿佛扛着千钧大山，稍一活动，肩膀就咯吱作响？

若是如此，不妨来试试“通肩活背”，这个动作虽简单，功效却不小，能松肩、松颈，还能活背。

在这个快节奏的生活里，给自己一点时间，练习“通肩活背”，锻炼出健康的肩颈，让我们以更加饱满的状态，迎接生活中的每一天！

一、锻炼部位

二、动作要领

1. 起始自然站姿

首先呈自然站立姿态，两脚自然分开，双脚内侧间距与肩同宽，调整呼吸，使整个身体处于一种全然放松的状态，同时双眼平视前方，眼神平和而专注，力求与周围环境自然融合。

2. 肩部与手臂姿态

让肩部的肌肉自然舒展，同时，双臂自然下垂，轻柔地放置于身体两侧，犹如

图 01

两脚分开，双脚内侧间距与肩同宽，双眼平视前方

图 02

双臂自然下垂，膝盖弯曲，下蹲将胯部沉稳坐下，身体随之向左转动 45 度

微风中自然摆动的柳枝，既保持一种自然的垂落感,又不失整体姿态的端庄与和谐。

3. 下蹲转体与转肩动作

接下来，膝盖微微弯曲，缓缓下蹲，同时将胯部沉稳坐下，身体随之向左转动45度。在此过程中，左肩沿着向下、向前、向上，再向后的路径进行转肩动作，如同划出一道无形的弧线；与此同时，右肩则以相反方向，即向上、向后、向下、向前，同样画圆转肩。在转肩过程中，尽量促使肩胛骨相互靠近，深切感受背部肌肉的收缩与发力。

图 03

左肩沿着向下、向前、向上，再向后的路径进行转肩动作

4. 腰部协同动作

腰部需紧密跟随肩部的动作节奏，进行左右扭转。当肩部处于向下、向前运动阶段时，腰部肌肉应保持适度放松；而当肩部向上、向后运动时，腰部肌肉则需同步收紧，以实现身体各部位动作的协调统

一，增强整体动作的连贯性与稳定性。

图 04
通肩活背侧面

三、注意事项

1. 动作幅度不可过大或过小，动作速度避免忽快忽慢，需收紧核心肌群，为身体提供稳定的支撑，确保动作的准确性与连贯性。

2. 为有效预防肌肉损伤，在开始练习此动作之前，应充分做好热身运动，使肌肉、关节等身体部位提前适应即将进行的运动强度，降低受伤风险。

3. 若存在肩部疼痛、肩周炎、肩袖损伤等肩部相关疾病，建议先咨询专业医生或资深康复治疗师的相关意见。

图 05
通肩活背背面

第四章

少林升阳操

赶跑疾病

和烦恼

养生之道，贵在阴阳平衡。春回大地，阳气渐升，此时宜早睡早起，顺应天时，让阳气蓬勃生长；寒冬腊月，万物潜藏，应早睡晚起，涵养体内阳气。阳气充足犹如为身体筑起一道坚固壁垒，能抵御外邪入侵。当阴阳和谐平衡，身体自会康健，病痛则难以近身。

无论是在晨光熹微时的公园，还是午后忙碌的办公室，不妨起身活动。让阳气在体内升腾，如暖阳驱散阴霾与疲惫，尽情拥抱阳光，以饱满之姿，迎接充满希望的崭新一天。

第一式 霸王举鼎

闭上双眼，想象自己化身为“霸王”，气定神闲地举起大鼎，周身散发着威风凛凛的气势。来吧，秀出坚实的肱二头肌，姿势务必帅气，力量必须充沛。

通过这一动作，可以充分锻炼全身肌肉，增强力量感。在气血升腾间，仿若拥有气吞山河的豪迈气势！

一、锻炼部位

二、动作要领

1. 预备姿势

自然站立，双脚内侧间距与肩同宽，两臂自然下垂，身体保持轻松挺直，全身放松，调整呼吸，使气息匀畅。

2. 上举拉伸

双臂缓缓向上举至头顶上方，手臂充分伸直，掌心相对。此时，身体仿佛被上下双向牵引，保持直立挺拔，感受身体的拉伸延展。

图 01

预备姿势与上举拉伸

图 02

插步下拉与开步举臂

3. 插步下拉

右脚轻盈地向左脚后侧插入，同时双手迅速握拳，沿着身体两侧下拉，两肘与肩齐平，拳心朝前。在此过程中，身体重心平稳下移，膝盖微微弯曲，保持动作的沉稳与连贯。

4. 开步举臂

向右缓缓迈开一步，同时双臂向上举起，重复上述动作。左右两侧交替进行，每侧各完成4次，动作需节奏均匀、张弛有度。

图 03

霸王举鼎侧面

三、注意事项

1.行此动作时，姿态需雄健昂扬，尽显神采奕奕之态，淋漓尽致地展现出蓬勃活力与自信风貌。

2. 整体动作应精准把握节奏松紧变化，做到张弛有序，使动作收放自如，流畅自然。

3. 向上举臂过程中，身体与手臂间需体会到清晰的上下对拉之感，强化动作的拉伸效果与整体协调性。

4. 手臂下拉之际，拳心务必向内，同时肩胛骨应相互靠拢夹紧，确保动作规范，发力准确。

图 04

霸王举鼎背面

图 05

左右两侧交替进行

第二式 开门见山

站稳身姿，先将左手与左脚稳稳定住，仿若扎根大地。而后，右手向右后方、右脚跟着向后撤步，缓缓展开，动作舒展流畅。另一侧亦如此。

每一次展开，胸廓随之打开，恰似百川浩浩荡荡归向大海，让心肺在这张弛之间得到充分锻炼，心肺功能悄然提升。

一、锻炼部位

二、动作要领

1. 预备姿势

自然站立，双脚分开，保持内侧间距与肩同宽。双臂伸直，手掌轻按于腹部前方，全身放松，调整呼吸，使气息平和。

2. 左侧动作

双手缓缓抬起，手臂伸直向前，至胸前方位置时，双掌有力击掌。随后，保持左手与左脚位置不变，右脚向左后方轻盈插步，右脚脚尖点地踮起。与此同时，右

图 01

手臂伸直向前，双掌有力击掌

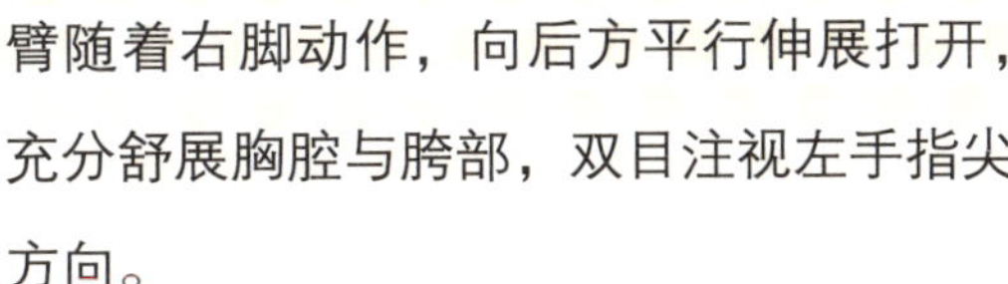

臂随着右脚动作，向后方平行伸展打开，充分舒展胸腔与胯部，双目注视左手指尖方向。

图 02

右脚向左后方插步，右脚脚尖点地踮起

3. 回正准备

完成左侧动作后，身体缓缓回正，双脚恢复至内侧间距与肩同宽的站立姿势。双臂再次伸直，为右侧动作做准备。

4. 右侧动作

双手在胸前位置有力击掌。接着，右手与右脚保持不动，左脚向右后方插步，左脚脚尖点地踮起，左臂伴随左脚动作，朝后方平行展开，同样打开胸腔与胯部，眼睛看向右手指尖方向。

图 03

右臂随着右脚动作，向后方平行伸展打开，目视左手指尖方向

5. 交替进行

左右两侧动作依次交替重复进行。

三、注意事项

图 04

开门见山侧面

1. 双手应呈平行状态展开，在伸展过程中，需充分扩展胸部与胯部，以展现动作的舒展性与张力。

2. 两臂向外打开之际，要悉心体会并找到一种均匀的撑拉之感，使身体各部位的发力协调统一。

3. 若膝盖存在不适或病症，在进行动作时，幅度不宜过大，应以自身身体状况为前提，避免加重膝盖负担。

4. 做侧步动作时，要注重胯部的打开，迈出的步法需从容舒展，确保动作的流畅与美观。

图 05

左右两侧交替进行

第三式 穿针引线

常言道："练武不练腰，到老艺不高。"腰，作为人体的核心枢纽，重要性不言而喻。一旦腰部出现不适，无论是站立、安坐，还是躺卧，都难寻舒适之感。唯有拥有健康有力的腰，身体才能活力满满，尽享自在生活。

让我们即刻行动起来，坚持锻炼，练就如软柳般柔韧灵活的腰肢，焕发蓬勃生命力！

一、锻炼部位

二、动作要领

1. 起始姿势

双脚分开站立，保持双脚内侧间距与肩同宽。双臂微微弯曲，双手轻柔地按于丹田部位，周身放松，调整呼吸，使气息沉稳。

2. 左侧动作

下盘姿态：膝盖缓缓弯曲，以沉稳之势向下沉胯，身体重心随之适度降低，为后续动作奠定稳固基础。与此同时，上下

图 01
双臂和膝微微弯曲，向下沉胯

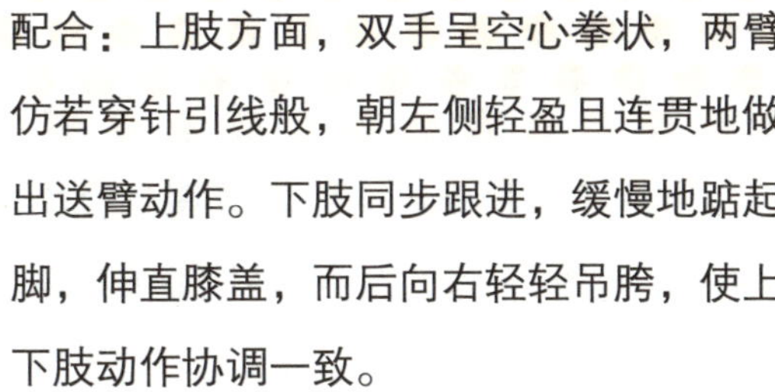

配合：上肢方面，双手呈空心拳状，两臂仿若穿针引线般，朝左侧轻盈且连贯地做出送臂动作。下肢同步跟进，缓慢地踮起脚，伸直膝盖，而后向右轻轻吊胯，使上下肢动作协调一致。

图 02

朝左侧做出送臂动作，下肢同步跟进，踮起脚，伸直膝盖，向右轻轻吊胯

3. 对拉感知

在完成动作过程中，着重体会两臂与胯部之间形成的对拉之力，同时，感受肋部与脊椎被逐渐拉伸，从而达到舒展身体的效果。

4. 动作意境

整个动作需展现出如柳丝随风舞动般的韵律与美感，洋溢着生机与活力，淋漓尽致地展现出柳条的柔美与飘逸之态。

图 03

穿针引线侧面

三、注意事项

1. 练习过程中，动作应缓慢且轻柔，力求充分拉伸脊椎，以达到最佳锻炼效果。

2. 发力要适度，对于初次练习者，建议起始时仅用三分力，后续根据自身适应情况逐步调整。

3. 为确保练习安全与康复效果，患有腰部疾病者，请在医生的专业指导下进行此项练习。

图 04
穿针引线背面

图 05
左右两侧交替进行

第四式 扭转乾坤

想象自己如古老磨盘，下盘沉稳扎根，稳如泰山。以上身作盘，缓缓扭转，过程中，腰腹肌肉似被轻柔之手拉伸延展。与此同时，内部的肝胆脾胃，仿若也在这一呼一吸间，悄然受到适度挤压。而腰椎一节节，如同被细腻丝线轻轻拔拉，在舒展中寻得平衡与放松。

一、锻炼部位

腰部
肌肉

二、动作要领

1. 起始姿势

双脚缓缓打开，膝盖自然弯曲，同时将胯部下沉，稳稳地站成高马步桩。双手置于腰间，大拇指朝后，轻轻掐住腰部两侧，保持身体的平衡与稳定。同时调整呼吸，气沉丹田、心如止水，气息匀畅。

图 01

站成高马步桩，双手置于腰间

图 02

用两肘引领腰身，使身体向左扭转，下肢纹丝不动

2. 上下肢动作协调

以上肢带动为起始，运用两肘的力量引领腰身，使身体垂直向左扭转，扭转幅度控制在60~90度。

与此同时，下肢保持高马步桩的姿势纹丝不动，仅膝关节微微活动，以辅助身体的扭转动作，达成上下肢动作的协调统一。

3. 动作节奏把控

该动作的节奏可灵活掌握，既可以跟随特定节拍进行扭转，让动作富有韵律感；也能够依据自身的身体状况与运动习惯，自由把控扭转的节奏与频率。

图 03

扭转乾坤侧面

4. 转腰要点

转腰时，需模拟磨盘转动的状态，力求平稳、匀速。下盘要竭尽全力保持稳定，不随意晃动。通过以肘带腰、以腰控肩的方式，使身体各部位形成连贯、流畅

的运动态势，充分展现动作的整体性与协调性。

图 04
扭转乾坤背面

三、注意事项

1. 转动时腰部保持放松舒展，背部始终维持垂直状态，确保脊柱的正常生理曲度。尤其要注意，切勿耸肩，保持肩部自然下沉，使整个上半身的姿态正确，为动作的流畅性与稳定性奠定基础。

2. 转动时，需格外留意膝关节的位置与状态，避免膝盖向内扣。

3. 对初学者来说，由于身体协调性与力量控制尚在适应阶段，建议起始时将马步站得稍高一些。随着练习的深入，身体逐渐适应动作节奏与强度后，再降低马步高度，循序渐进地提升动作难度。

图 05
左右两侧交替进行

第五式 小猫洗脸

轻柔地拔拉颈椎，如同为身体的循环系统注入活力，压力随之缓缓释放，仿佛重获新生。这一过程，伴随着指尖温柔的触碰，带来惬意舒适之感。不仅能有效缓解眼部的酸涩疲惫，舒缓面部紧绷的肌肉，还能让脸部肌肤充分汲取更多营养，焕发出红润健康的光彩。

一、锻炼部位

二、动作要领

1. 起始姿势

双脚自然打开，双脚内侧间距与肩同宽。双手轻叉腰部两侧，保持身体中正挺拔站立，全身放松，调整呼吸，让气息绵长而深邃，仿佛能触及心灵深处。

2. 准备动作

左手轻掐腰间，右手手掌轻柔地放置于下颌部位，微微用力，似有托起下颌之势。

图 01
自然站立，左手叉腰，右手微托下颌

图 02

右手沿下颌，经耳根、百会穴进行揉按

3. 手部动作轨迹

下颌缓缓向左上方抬起。右手以柔和且连贯的动作，从右下颌处开始，向左上方缓缓推起。当经过耳根部位时，顺势打开肩关节，带动手臂继续向上，直至头顶百会穴位置，进行揉按。随后，手臂以流畅的弧线往右回落，经过耳尖，最终回到下颌初始位置，过程中双目轻轻闭合。

4. 颈部配合

在下颌抬起的过程中，颈部要自然地跟随手部动作进行转动，使整个动作协调一致。完成左侧动作后，依照相同步骤进行右侧动作。

图 03

小猫洗脸侧面

三、注意事项

1. 双手指甲不宜过长，在进行动作时，避免因手部动作幅度过大或操作不慎，致使指甲剐擦到脸部皮肤，造成不必要的损伤。

2.确保双手手掌洁净，以防污垢在动作过程中接触脸部，引发皮肤问题。若面部有暗疮、破损，操作时手掌应小心绕开这一区域，防止因按揉刺激患处，加重炎症或导致破损感染。

3.在做动作时，若下颌无法充分抬起，将难以有效拉伸颈部肌肉，从而影响该动作对颈部的锻炼效果。练习者应尽量将下颌抬起，以实现对颈部肌肉的充分拉伸。

4.练习过程中，手掌与脸部要保持良好贴合，以保证按揉效果。若手掌未能紧密贴合脸部，便无法有效发挥按揉作用，降低动作的保健功效。

图 04

小猫洗脸背面

图 05

左右两侧交替进行

第五章

少林肝胆操

玩着练 练着玩

越练越开心

在中医理论里，肝被誉为『将军之官』。它主司疏泄与藏血，似一位睿智的交通指挥员，有条不紊地引导着身体内气血畅行。而胆，被称作『中正之官』。胆主决断，赋予我们果敢的魄力，使我们在面对事务时，能迅速做出明智抉择，不拖泥带水。肝与胆相互配合、协同共济，恰似挚友间『肝胆相照』，让我们周身洋溢着正气。

倘若你正闷闷不乐、焦躁不安，不妨一起来跳肝胆操，在律动中重寻身心的舒畅与平衡。

第一式 撤步亮掌

将右脚稳稳向左后方撤步，同时手臂顺势伸展打直，跟随节奏，自然流畅。过程中，努力拉长腰身，感受身体线条的延展。注意手脚的协调配合，如同行云流水般和谐。记得抬头挺胸，展现出昂扬的姿态。每一次拉伸，都仿佛在为肝胆“疏通管道”，让它们更加通畅，焕发活力！

一、锻炼部位

二、动作要领

1. 起始姿势

自然站立，两脚分开，双脚内侧间距与肩同宽，身体保持轻松且正直的状态，周身放松，调整呼吸，呼吸缓慢悠长，如同溪水潺潺，滋养身心。

图 01

双脚内侧间距与肩同宽，身体保持正直

2. 左臂画圆与亮掌、右臂推掌动作

双臂同时同向，自左下方开始，沿着身体前侧，经由胸前缓缓向上画圆。在此过程中，右手持续摆动，直至右侧与肩膀

图 02

左臂画圆亮掌、右臂推掌并左撤步亮掌

图 03

还原与反向动作

图 04

撤步亮掌侧面

图 05

撤步亮掌背面

呈平行状态时，迅速有力地向右推出，掌心向前，掌指向上，发力于腰腹，展现出推掌的劲道；与此同时，左手继续上摆至头顶上方，手掌翻转为亮掌姿势，掌根用力向上撑起，手指伸直并拢，掌心向前上方，展现出挺拔的姿态。

3. 撤步亮掌姿势

保持右脚位置固定不动，左脚经右脚后方呈弧形插步，脚尖轻点地面，身体重心微微后移；头部随之转动，目光聚焦于右手，身体形成舒展且稳定的撤步亮掌姿势，尽显动作的舒展与协调。

4. 还原与反向动作

左脚沿原轨迹缓缓回到起始位置，身体随之回正，双臂也自然落下恢复至起始状态。接着，反方向重复上述第二步、第三步动作，保持动作的连贯性、流畅性与规范性。

5. 动作与意念的深度融合

在完成撤步亮掌动作时，需保持脊柱的挺直状态，以此有效拉伸肝胆经。整个动作过程中，身体各部位应协调配合，发力源于掌跟。

具体而言，“撤步亮掌”动作呈现为，双手同时推掌。练习者应在意识层面着重感受力量自掌跟处源源不断地发出，且能明显感知到手臂内侧肌肉产生强烈的抻拉之感。

三、注意事项

1. 撤步过程中，保持身体的稳定，撤步幅度不宜过大，确保重心平稳过渡。

2. 手臂需充分伸直，推掌时发力要刚劲有力，将力量顺畅地传递至手掌。同时，指尖应竖直向上，手掌保持绷劲，增强动作的规范性与表现力。

3. 每一个动作的衔接都应圆润自如，展现出动作的行云流水之感，避免出现僵硬或突兀的情况。

4. 在做推掌等发力动作时，可配合呼气；在准备动作或相对舒缓的动作阶段，自然吸气。通过呼吸与动作的协同，达到身心的和谐统一。

第二式 嘿哈功

中医养生道：常握固，心境平和，心态佳；常踮脚，步履轻盈，人不老。

“嘿哈功”的要点，是双手摩擦章门穴，向前推掌，动作沉稳有力，如涟漪般震动肝胆，使浩然正气充盈周身。坚持练习“嘿哈功”，能有效提升肝脏解毒功能，加速肝胆新陈代谢，焕发生命活力。

一、锻炼部位

二、动作要领

1. 起始姿势

自然站立，两脚分开，确保双脚内侧间距与肩同宽。身体保持轻松挺拔，周身放松，两臂自然下垂，调整呼吸，气息缓缓下沉，感觉胸部开阔，腹部充实，状态平和沉稳。

2. 吸气提手至章门穴

缓缓吸气，同时双手轻柔地放置于大腿前侧，随后沿身体两侧贴身缓缓上提。

图 01
吸气提手至章门穴，呼气推掌

图 02

吸气握固提踵

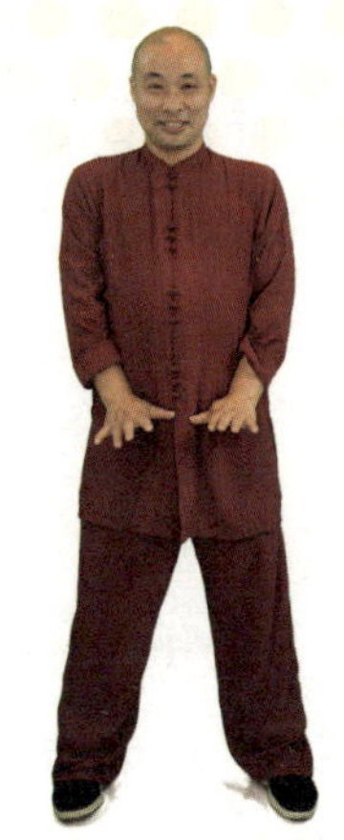

图 03

呼气推掌至下丹田

图 04

嘿哈功侧面

图 05

嘿哈功背面

当双手到达位于人体腰部，第11肋骨游离端下方的章门穴位置时，吸气动作完成。此过程要保持动作的舒缓与连贯，感受气息的深入吸纳。

3. 呼气推掌

接着，缓缓呼气，同时双手均匀而有力地向前推出，形成推掌动作。此时，指尖需向上翘起，力量集中于掌根部位，直至呼气结束，推掌动作完成。整个过程注重呼气与推掌动作的协调配合，将力量顺畅地通过掌根传递出去。

4. 吸气握固提踵

再次吸气，双手做出握固动作，即大拇指扣于掌心，其余四指并拢握紧大拇指。随后，手臂旋转，将双手回拉至腰部章门穴位置，此时拳心向上。与此同时，缓慢提起脚跟，以脚尖点地支撑身体，感受身体向上提拉与气息的充盈。

5. 呼气推掌至下丹田

开始呼气，双手由拳心向下翻转成掌，掌跟紧紧贴靠章门穴，借助掌根发力，用力向下推至下丹田位置。在推掌的同时，脚跟缓缓下压，蓄力下沉，直至呼气结束。此动作要注意呼气与推掌、脚跟下压动作的紧密配合，以达到身心的协调统一。

三、注意事项

1. 在双手握固回收抱拳过程中，同时可发出沉稳有力的“嘿”声，以助气息下沉与力量凝聚；而当双手下落时，并伴随发出“哈”声，使气息顺畅吐出，以调和体内气机。

2. 脚踵上提之际，需将身体适度绷紧，以脚尖点地维持身体平衡，要确保身体稳定，切勿摇晃，保证动作的规范性与稳定性；下落之时，全身应彻底放松，脚跟扎实落地，同时可让全身自然产生轻微震动，以放松肌肉、舒缓筋骨。

3. 整个过程中，保持呼吸自然流畅，与动作协调配合。要避免屏气，防止气息阻滞影响身体机能；同时也要注意避免过度用力呼吸，以免造成呼吸紊乱。

4. 每个动作都应轻柔且具有良好的控制感，杜绝出现剧烈或突兀的抖动，确保动作的连贯性与流畅性，使动作既富有节奏感，又能精准到位，以实现动作与呼吸、身心的和谐统一。

第三式 青龙探爪

中医认为，肝主筋，肝似掌管柔韧与力量的主宰；其华在爪，指甲的状态是肝之表象；开窍于目，眼睛是肝经通往外界的穴道。肝，还源源不断地生发气血，滋养全身。

“青龙探爪”这一动作，巧妙拉伸了肝经和胆经。当我们舒展身姿完成此动作，就为肝经和胆经做了一场深度拉伸。在这一伸一展间，焦虑与抑郁的情绪悄然得以释放，内心重归宁静平和，好心情如暖阳常驻。

一、锻炼部位

二、动作要领

1. 起始姿势

开步站立，双脚内侧间距与肩同宽，双手自然下垂，置于身体两侧，全身肌肉放松，调整呼吸，呼吸节奏平稳均匀，保持身心的和谐稳定。

图 01

开步站立

2. 右握固左探爪吸气

图 02

右握固，左探爪吸气

缓缓吸气，同时右手握拳，采用握固姿势，拳心朝上，紧密贴合右侧腰部；左手屈肘，手臂上抬，手掌变换为龙爪手，从右向左穿出，指尖朝向右侧，掌心朝下，手臂与肩持平，手指用力伸展伸直。整个动作需与吸气过程协调配合，感受气息的充盈与力量的汇聚。

3. 左收爪呼气推掌

图 03

左收爪呼气推掌

接着，慢慢呼气，左手自左肩膀向右侧推出，经过胸腔前方。在此过程中，目光追随左手移动，身体保持稳定，不可晃动，手臂尽可能伸直，充分伸展肢体。呼气应与推掌动作同步完成，以气助力，展现动作的连贯性与节奏感。

4. 右侧重复动作

完成左侧动作后，换右侧重复上述的动作，确保动作的规范性与对称性，使身体双侧得到均衡锻炼。

图 04
青龙探爪侧面

三、注意事项

1. 在操作过程中，留意抱拳动作应采用握固方式，即大拇指扣于掌心，其余四指并拢握紧大拇指；推掌动作则需呈现龙爪手形态，五指微微弯曲且向内，手指用力伸展伸直。

同时，手臂在运动过程中要始终保持伸直状态，且与呼吸紧密配合，吸气与呼气应与相应动作自然衔接，做到气与形合，意与气合。

图 05
青龙探爪背面

2. 当手臂伸直时，身体需保持稳定，不可随意转动。在此基础上，尽可能通过手臂的伸展动作，充分拉伸肩关节，以增强关节的灵活性与肌肉的延展性。此过程中，要注重身体各部位的协调配合，避免因局部动作幅度过大而导致整体失衡。

第四式 举手攀足

双手在头顶击掌后，将身体重心平稳转移，左腿缓缓屈膝下蹲。右腿伸直，右脚后跟轻轻点地，紧接着伸出右臂，努力向脚部伸展，仿佛要将肢体的延伸感发挥到极致。在这个过程中，右腿要尽力伸直，感受腿部与身体的拉伸。这一拉伸动作，能有效拉抻筋骨、强化肝胆。

老话说得好："筋长一寸，寿延十年。"来，让我们一起动起来，为健康加分！

一、锻炼部位

二、动作要领

1. 起始姿势

呈自然站立状态，使双脚内侧间距与肩同宽。双手自然下垂，置于身体两侧，全身肌肉放松，调整呼吸，气息缓缓下沉，保持身心的松弛与宁静。

2. 左攀足动作

起始，将双臂径直向上伸展，直至越过头顶，双手掌心朝上，以左手掌心轻击右手手背，与此同时，将身体重心平稳且

图 01

双臂向上越过头顶，掌心朝上，以左手掌心轻击右手手背

均匀地过渡至左腿。继而，左腿缓慢且匀速地屈膝下蹲，右脚后跟轻缓地向右侧轻点地面，力求维持身体的稳定平衡。

接着，右手徐徐下落，沿着身体右侧努力向下延伸，仿若要将肢体的延展态势推向极致，尝试以右手触碰右脚脚尖，在达成此姿势后，维持2秒，以此充分拉伸身体左侧的肌肉与韧带。

图 02

屈膝下蹲，右脚后跟点地，右手向下延伸触碰右脚脚尖

3. 换手并步击掌

完成上述动作后，双手变换位置，在头顶上方再次击掌，击掌结束后，左脚收回，双脚并拢成并步姿势，身体保持中正挺拔，头部端正，脊柱向上延展，展现出良好的体态。

图 03

举手攀足侧面

4. 反向练习

按照上述步骤，交换左右方向重复进行练习，即右侧完成与左侧相同的动作流程，从而使身体双侧得到均衡锻炼。

三、注意事项

1. 在手臂向上举升的过程中，须尽力向上延展，充分体会身体由此产生的拉伸感。但切不可过度发力，以防对肩部造成不必要的损伤。

2. 进行攀足动作时，务必保持动作的缓慢与柔和，切勿强行弯折腰部。要依据自身的柔韧程度，循序渐进地增加弯腰的幅度，确保动作的安全性与有效性。

图 04

举手攀足背面

图 05

反向练习

第六章
…
少林脾胃操

每天一遍

烦恼再见

脾胃乃后天之本，气血生化之源，对生命健康起着关键作用。若到了饭点却毫无饥饿感，进食后又觉得难以消化，腹部经常鼓胀，乃至大便不通畅，这些都是身体无声的警示：脾胃的工作效率已然降低了。此时，我们就要通过锻炼来唤醒脾胃活力，让身体重焕生机，以舒畅的状态迎接每一个美好的日子。

第一式 画圆揉腹

想让脾胃更有活力，那画圆揉腹法你一定要掌握！

用掌根在腹部顺时针轻柔打圈，助力脾胃高效工作，让消化更轻松；接着逆时针打圈，为脾胃不适“排忧解难”，让肠胃时刻自在舒适。一个简单的揉腹动作，却是养护脾胃的好方法，助你轻松开启健康生活。

一、锻炼部位

二、动作要领

1. 起始站姿

自然站立，双脚分开，内侧间距与肩同宽，身体挺直站立。微微内收腹部，同时有意识地放松肩部与颈部的肌肉，使身体达到一种既挺拔又舒展的状态，然后调整呼吸，气沉丹田，下盘稳固，保持身心的宁静平和。

2. 手部姿势

双手轻柔叠放，右手自然置于左手之

图 01

双手轻柔叠放，掌心对准肚脐

图 02

以肚脐为圆心，按照顺时针方向揉腹

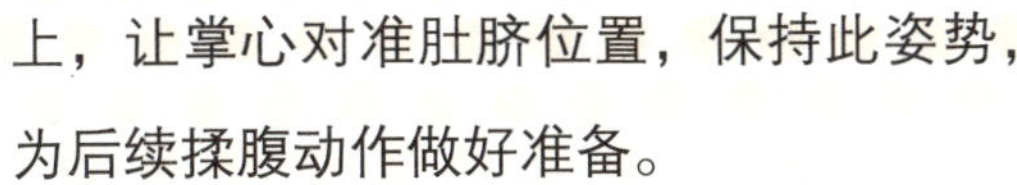

上，让掌心对准肚脐位置，保持此姿势，为后续揉腹动作做好准备。

3. 揉腹动作

以肚脐为圆心，按照顺时针方向，以缓慢且轻柔的节奏进行揉腹。揉动范围由肚脐周边起始，逐步向外扩展至整个腹部区域。在揉动过程中，力度需把控适中，以腹部能微微感受到温热为宜。这种温热感代表气血在腹部逐渐活跃，有助于达到良好的养生效果。

4. 呼吸配合

整个揉腹过程需配合逆腹式呼吸法。具体而言，吸气时，双手轻柔地向上揉动；呼气时，双手缓缓地向下揉动。通过呼吸与揉腹动作的紧密配合，促进身体内部气息的流通与循环，增强养生保健功效。

图 03

揉腹过程配合逆腹式呼吸法

三、注意事项

1.在进行揉腹操作前，务必排空小便，因为膀胱充盈可能会干扰腹部气血的运行，进而影响揉腹对身体的调理效果。确保身体处于最佳的准备状态。

2.揉腹应选择在安静、舒适的环境中进行，这样有助于身心放松，更好地感受揉腹带来的益处。

3.需合理把握揉腹时机，避免在过饱或过饥的状态下操作。过饱时，肠胃负担较重，此时揉腹可能引发消化不良等不适；过饥时，身体能量不足，揉腹可能导致头晕等症状。

4.揉腹过程中，力度需适中，不可过度用力，应以腹部感受到适度的压力且无明显不适为宜，确保揉腹过程安全有效。

图 04

画圆揉腹侧面

图 05

画圆揉腹背面

第二式 弓步推腹

还在为脾胃不适发愁?

不妨试试这个简单易学的弓步推腹动作。配合呼吸，每一次推动仿佛为身体做一次深度疏通，促进气血运行，帮助脾胃消化，缓解腹部的各种不适。简单的动作坚持做，为身体健康加分。

一、锻炼部位

二、动作要领

（一）弓步上推腹

1. 起始姿势：呈弓步站立，保持身体中正。将两手掌紧贴于小腹，手指指尖朝下，确保姿势平稳且规范，调整呼吸。

2. 上推动作与呼吸配合：缓缓吸气，同时两手掌跟沿着腹部向上推至章门穴，在此过程中，小腹应适度收紧，使气息充分充盈于胸前。

图.01

弓步上推腹

图 02

弓步下推腹

图 03

弓步推腹侧面

图 04

弓步推腹背面

图 05

交错进行上述动作

（二）弓步下推腹

1.起始姿势：弓步上推腹至章门穴后，双手掌紧贴侧腹部与第11肋游离端的下际，此时手指指尖呈45度斜向前方。

2.下推腹动作与呼吸：随后呼气，掌根发力，两手同时向内推至带脉穴，腹部隆起，气沉丹田。

3.两手掌交错重复进行上述动作。

三、注意事项

1.推腹动作的力度恰到好处，是保证推腹效果与安全性的关键。

2.推腹范围与要点，应以肚脐为核心，将揉动范围覆盖整个腹部区域，力求充分刺激腹部的各个部位，以实现对腹部经络及脏腑的有效调理。

第三式 太极揉腹

将意念聚焦于肚脐，双手掌心轻覆其上下，以脐为核心，如同绘制太极图般，双手缓缓揉腹画圆。同时，配合逆腹式呼吸，吸气之际，腹部悄然收紧上提，仿佛将天地精华吸纳于内；呼气之时，腹部徐徐放松下沉，似在将浊气缓缓排出。如此一呼一吸、一上一下、一紧一松，周而复始，助力脾胃康健，实现健脾益胃之效。

一、锻炼部位

二、动作要领

1. 准备姿势

以人体肚脐为中心，于肚脐上方四寸之处精准定位中脘穴。随后，将左手轻柔地覆盖于中脘穴之上，手指尖微微向内聚拢，所施力度既不过轻，亦不过重。

与此同时，右手稳稳地置于肚脐下方三寸的气海穴位置，以掌根作为发力的核心区域，力度同样需把控得精准适度，为后续

图 01

左手置于中脘穴，右手置于气海穴

图 02

双手在腹前沿顺时针方向画圆

图 03

随着吸气，身体呈现出自然的上升态势

图 04

太极揉腹背面

图 05

交错进行上述动作

的动作做好充分准备，调整呼吸，使气息缓缓下沉，身体站得更稳，好似扎根于大地。

2. 太极揉腹

在吸气之际，双手协调一致地在腹前沿着顺时针方向缓缓画圆。整个过程中，掌根部位要持续、稳定地发力，力度始终保持在一个均匀且适中的状态。随着吸气动作的深入，身体犹如被一股轻柔的力量牵引，缓缓向上提升，感受到一种自然、流畅的昂扬之气。

而当呼气之时，双手依旧保持顺时针方向，在腹前平稳地画圆，掌根发力的节奏与方式维持不变，力度依旧适中。伴随呼气的进行，身体如同顺应自然的律动，徐徐沉静，完成一次完整且和谐的太极揉腹动作循环。

三、注意事项

1. 在太极揉腹的过程中，无论是吸气还是呼气阶段，双手始终要保持顺时针在腹前画圆。吸气时，明确从腹部右侧开始，沿着向上、向左，再向下的轨迹揉动，且掌根发力均匀适中，确保动作的连贯性与规范性。

2. 揉腹时间至关重要，过长或过短都可能影响效果。一般而言，每次揉腹时间控制在10~15分钟为宜。

3. 每日进行一到两次太极揉腹即可，保持适度的频率有助于身体适应揉腹带来的调节作用。

4. 其他状态下揉腹时需避免以下常见错误姿势：

①平躺揉腹身体紧绷：平躺进行揉腹时，应尽量让全身处于放松状态，平躺在床上，使腹部自然舒展。若身体过于紧绷，腹部肌肉无法充分放松，会严重影响揉腹

的效果。

②坐姿揉腹弯腰驼背：坐着揉腹时，务必保持坐姿端正，挺直背部，让腹部完全暴露在手掌之下。弯腰驼背不仅会对脊柱产生额外压力，还会阻碍腹部得到全面、有效的按摩。

第四式 左右单举

上托如擎天，下按似按地，刚柔并济。此动作来自八段锦“调理脾胃须单举”，蕴含中医脏腑升降之理，肝木随脾土升腾，胆木伴胃土沉降，周身气机随之有序流转。

经常练习，则如春风拂过大地，让气血在身体的脉络中欢快奔腾，促进周身经络通畅无阻。脾胃作为后天之本，气血生化之源，经络畅达更助其运化水谷精微，滋养全身，为生命注入源源不断的活力。

一、锻炼部位

二、动作要领

1. 预备姿势

平稳站立，双脚缓缓分开至内侧间距与肩同宽，继而屈膝下蹲，形成高马步姿态。下蹲过程中，需确保膝盖适度弯曲，脚尖正直朝前，以此稳固身体重心。同时，收腹敛臀，使腹部肌肉适度收紧，胸部自然挺出，两肩放松且自然下垂，呈现舒展状态。

双手呈阳掌，掌心朝上，上

图 01

屈膝下蹲成高马步，双手呈阳掌，掌心朝上，置于上丹田下相互叠放，轻柔地置于上丹田位置，双眼保持平视，目光平和，内心宁静，鼻息调匀，舌尖轻抵上腭，藏气于小腹。

图 02
左手向上托起，右手向右下侧按压

2. 左右单举

起始阶段，缓缓吸气，使气息均匀且自然地充盈体内。与此同时，左手以舒缓且平稳的动作向上徐徐托起，掌心始终朝上，当手臂伸展至头顶正上方时，需充分发力，将手臂完全伸直，仿佛在向天际延伸。

在左手向上托举的同时，右手沿着身体右侧向下缓缓按压，掌心向下，直至右手推至右大腿后方，尽力将手臂撑拉开，从而使身体展现出一种对称且舒展的形态。维持此姿势，稍作停顿，保持3秒，此时吸气过程完毕。随后，缓慢呼气，双手随着呼气的节奏,缓缓回落至预备姿势。

图 03
左右单举侧面

完成一轮动作后，紧接着切换为右手向上托举，左手向下按压。重复上述动作步骤，左右交替进行，以实现动作的平衡与协调。

图 04
左右单举背面

三、注意事项

1. 无论是向上托举还是向下按压，手臂均应保持伸直状态。在向上伸展过程中，力求缓慢，用心感受身体各部位的拉伸感，动作需遵循缓慢、柔和、连贯的原则。特别要注意避免因过度用力拉伤韧带。

2. 整个过程中，身体应保持相对静止，避免出现晃动。当手臂向上托举时，应同步缓缓吸气；而当手臂向下按压时，则应相应地缓缓呼气，通过呼吸与动作的协调配合，达到身心的和谐统一。

3. 对于初次接触此项练习的人员，练习强度和频率的合理把控十分必要。初始阶段，建议每次练习完成5~10次单举动作，每日进行2~3次练习为宜。

图 05
交错进行上述动作

第七章

…少林心肺操

动作很搞怪

却也实在帅

稍事劳作便疲惫不堪，稍做运动就气喘如牛。这是身体敲响的警钟，警示着心肺功能的薄弱，亟待强化锻炼。心肺操，精选八段锦、《易筋经》、五禽戏等传统养生瑰宝中的精髓动作，化繁为简，极易上手。每一招每一式，皆饱含增强心肺功能的精妙匠心，成效卓然。

拥有强健心肺，如同拥有强劲的引擎，它能持续不断地为身体输送澎湃能量，让生命活力满格，让你尽情拥抱健康生活。

第一式 托天展翅

“托天展翅”这个动作，和八段锦里的“双手托天理三焦”有着异曲同工之妙。要知道，三焦若通畅，浑身都会变得格外轻松，而“托天展翅”恰恰有着这样的功效，不妨一试呀。

一、锻炼部位

二、动作要领

1. 起始站姿

自然站立，双脚内侧间距调整至与肩同宽，确保身体轻松且直立。此时，舌尖放下平铺，松腰松胯，两足趾抓地，似要生根之状，全身放松，心平气和，排除杂念。

图 01

屈膝坐胯，两手指尖相对，掌心朝上

图 02

双手向上托、翻掌，手臂与身体呈 45 度角

图 03

放松肩膀，肘关节下沉，坐腕展指

图 04

托天展翅侧面

图 05

托天展翅背面

2. 托天起势

从起始站姿开始，以缓慢且沉稳的节奏屈膝坐胯，在此过程中，清晰地感知身体重心缓缓下沉。两手指尖相对，掌心朝上，从手掌经过小腹前开始吸气，随着吸气的节奏，双手如托举重物般缓缓向上托起。同时，两腿亦同步缓慢伸直站立。

当双手上托至胸前位置时，以轻柔的动作翻掌，使掌心向上，手臂与身体呈45度角，形成标准的托天姿势。此时，头部微微向后仰，以适度的力度挤压大椎穴，同时保证两手臂始终维持在45度的伸展状态，充分感受身体的拉伸以及气血的顺畅运行。

3. 回落成式

完成托天姿势后，伴随着呼吸双手缓缓下落。在此过程中，着重放松肩膀，使肩部肌肉自然下垂，同时让肘关节下沉，进而带动手腕做出坐腕展指的动作，让手指充分伸展。当手指与肩膀在同一水平线上时，再次以缓慢的动作屈膝下蹲，促使身体重心下降。此时，两手指尖相对，手心朝上，自然形成捧球式，为下一次动作循环奠定基础。

三、注意事项

1. 双手从小腹前吸气上托时，应缓缓吸气，使气息均匀、深沉地进入体内，感受气息随着双手上托逐渐充盈全身。而在回落成式过程中，要随着身体的下落缓缓呼气，将体内浊气平稳呼出。

2. 在动作进行过程中，要时刻注意保持身体的平衡与稳定，避免因动作幅度过大或用力不均导致身体摇晃。

3. 双手托举时力度要适中，既要有托起重物的感觉，又不可过度用力致使肌肉紧张。挤压大椎穴的力度应以产生适度的酸胀感为宜，避免用力过猛造成颈部损伤。在肩膀、肘关节等部位的动作中，也要确保力度恰到好处，使身体各部位既能得到充分锻炼，又不会因过度受力而受伤。

第二式 横担降魔杵

这个动作来源于《易筋经》十二式里的第二式。在做这个动作时，双臂如同横担重物一般展开，有着开阴锁阳的奇妙功效。而且它还能对心包经起到拉伸的作用，帮助打通肺经，让身体的经络更加通畅，助力气血运行，益处多多。

一、锻炼部位

二、动作要领

1. 起始姿势

平稳站立，双脚缓缓打开至内侧间距与肩同宽。膝关节微微弯曲，保持适度的弹性。双手轻柔地在胸前合十，手指并拢，拇指相扣，将目光聚焦于指尖，营造出专注、平和的起始状态，调整呼吸，舌抵上腭，鼻息调匀，沉肩坠肘，含胸拔背，面带微笑。

图 01

双手胸前合十，目光聚焦于指尖

图 02

吸气拉伸，双手逐渐拉至肩膀两侧，呼气推掌

图 03

完成上述动作后，双手随呼气收回至胸前合十

图 04

横担降魔杵侧面

图 05

横担降魔杵背面

2. 吸气拉伸

当开始吸气时，动作需缓慢而平稳。双手沿着身体两侧缓缓拉开，掌心相对，如同轻柔地拉开手风琴一般，使双手逐渐拉至肩膀两侧。

在此过程中，注重身体的感受，前胸的肌肉适度伸展，能够排除胸腔废气，宣畅肺气；背部的肌肉则相互靠拢，形成夹脊之势，充分调动身体前后的肌肉群，促进气血的流通。

3. 呼气推掌

呼气阶段，掌心缓缓向外翻转，同时沉肩坠肘，将力量下沉至肩部以下。随后，以沉稳的力度向前推掌，在推掌过程中，手腕下沉，手指充分伸展，使双手推至与肩同高且处于同一平面，身体随之展开。

当达到此姿势后，稍作停顿，保持3秒，并进行一次平稳的吸气，感受身体在这一姿势下的充分伸展与气血运行。

4. 姿势转换与膝盖动作

在整个动作过程中，膝盖的屈伸动作与手部动作紧密配合。当双手合十时，膝盖保持微微弯曲的状态，为身体提供稳定的支撑。而在进行前宣肺后夹脊以及推掌动作时，膝盖应缓慢伸直，通过腿部力量的运用，辅助身体的伸展与发力，确保动作的连贯性与协调性。

5. 动作还原

完成上述动作后，开始缓慢呼气。双手随着呼气的节奏,如同轻柔的微风拂过，缓缓收回至胸前预备合十的姿势。整个过程需保持动作的舒缓与流畅，让身体逐渐回归到起始的平静状态。

三、注意事项

1.各环节发力要缓慢、舒展，避免用力过猛。吸气拉伸，双手匀速拉开，“团身”收紧全身肌肉；呼气推掌，力度适中，防止肩臂肌肉紧张。姿势转换时，腿部与手部力量匹配，避免身体摇晃动作变形。

2.呼吸与动作紧密配合。吸气拉伸时，缓吸气，随双手拉开舒展身体；呼气推掌时，沉稳呼气，排浊气并保持身体平衡稳定。停顿吸气3秒，专注气息平稳，避免节奏紊乱致身体不适。

3.注意全身动作协同，双手合十膝盖微屈，夹脊推掌膝盖伸直并完全展开身体。头部端正、目光稳定，避免晃动。

第三式 弯弓射雕

弯弓射雕这个动作太有意思了！

先将食指微微上翘，同时大拇指撑开，其他三指弯曲，随后右手模拟拉弓，感受那股力量的延伸，接着换左手拉弓，一左一右间，仿佛真的在张弓搭箭、瞄准目标。通过这个动作，能有效疏通肺经和大肠经，让身体的气血更加顺畅，为健康助力。

一、锻炼部位

二、动作要领

1. 起始站姿

自然站立，双脚内侧间距调整至与肩同宽，全身肌肉自然放松，保持身体的轻松与平衡，鼻吸鼻呼、气息细慢长匀、收腹呼吸以及呼吸与动作的紧密配合。

2. 初始手型

双手在胸前自然交叉，右手置于外侧，左手在内侧。左手手型为：大拇指与食指张开，形成八字形状，其余三指的第

图 01

初始手型

一、第二关节处紧扣，第三关节微微张开，蓄力待发。

右手手型为：大拇指竖直立起，其余四指的第一、第二关节紧扣，第三关节同样微微张开，双掌掌心均朝向身体内侧。这一手型的形成需动作精准、自然，为后续动作奠定基础。

图 02
开步搭弓

3. 开步搭弓

以平稳的节奏，向左迈出左脚，形成开步姿势，两脚之间的距离大致保持在三脚宽。在开步的同时，左手向左伸直推出，手臂伸展充分，如同拉开强弓准备射箭，掌心向前，展现出向外的张力。右手则向右后方用力拉，手臂弯曲，恰似拉动弓弦，手心向内，仿佛感受到弓弦的紧绷。此动作要模拟出射雕时的发力状态，使身体前后形成一种协调的张力。

图 03
重心转换后，动作交替

4. 重心转换与定式

随着开步搭弓动作的完成，身体重心缓缓下落，形成标准的马步姿势。此时保持身体的中正，不偏不倚，脊柱向上延展，以维持身体的平衡与稳定。头部跟随手部动作转动，双眼聚焦于左手食指尖方向，保持专注。停顿3秒，充分感受身体在这一姿势下的力量分布与肌肉紧张感，整套动作需展现出如射雕英雄般的非凡气势，动作流畅且富有力量。

图 04

弯弓射雕侧面

5. 动作交替

完成上述动作后，身体缓缓起身，双脚并拢。同时，两手手型保持不变，位置进行交换。随后，按照之前的步骤，交换左右方向重复练习。

图 05

弯弓射雕背面

三、注意事项

1.形成马步时，注意膝盖弯曲不超过脚尖，大腿与地面平行，身体中正，防止因姿势偏差导致受力不均，增加关节损伤风险。

2.开步同时双手模拟拉弓射箭发力，左手推出与右手后拉要同步且力量均衡，避免出现一侧用力过猛、另一侧用力不足的情况，确保身体前后对称协调的张力。重心下落成马步时，要通过腿部肌肉的缓慢收缩控制身体下降速度，避免突然下蹲造成关节冲击。发力过程要与呼吸配合，开步搭弓时吸气，感受气息助力身体伸展；重心下落时呼气，将力量沉稳下沉至双脚。

3.起始站姿时，先调整呼吸和身心状态。随着双手模拟拉弓动作展开，缓缓吸气，让气息充满腹部，感觉气息随着身体的伸展而蔓延，助力双手更好地发力及身体的打开。在重心转换形成马步并停顿的

3秒内，保持平稳且深沉的呼吸，不要憋气，使身体在稳定的气息支持下，充分感受肌肉的发力与身体的平衡。

4.当起身并步准备进行另一侧动作时，缓缓呼气，为下一阶段动作做好准备。通过合理的呼吸配合，能使动作更加顺畅，增强锻炼效果，同时避免因呼吸不当导致的头晕、胸闷等不适。

第四式 大鹏展翅

双脚稳稳站立，微微屈膝，双臂缓缓向两侧伸展，想象自己化身为翱翔天际的大鹏，用力将双臂完全打开，感受肌肉的拉伸与发力。每一次展开双臂，都好似要冲破阻碍，拥抱广阔天空。坚持练习这一动作，既能增强肢体力量，又能让你在一伸一展间，收获满满的自信与力量，快动起来吧！

一、锻炼部位

二、动作要领

图 01

弓步抱臂

1. 起始站姿

自然站立，将双脚内侧间距调整至与肩同宽，使全身肌肉处于自然放松的状态，以此保持身体的轻松与平衡，用鼻子呼吸，气息要慢、长、均匀，心平气和，洗心涤虑。

图 02

后仰展臂

图 03

大鹏展翅侧面

图 04

左右交替进行

图 05

大鹏展翅侧面

2. 弓步抱臂

左脚向前迈出，形成高弓步姿势，右腿保持蹬直状态，以维持身体的稳定。与此同时，双手从身体两侧缓缓平举，向前自然交叉抱于胸前，此时身体随之向前卷曲，头部微微低下，胸部内含，通过这种姿势有效地拉伸督脉，感受身体背部的伸展与气血的流动。

3. 后仰展臂

在完成弓步抱臂动作后，缓缓吸气，将身体重心平稳地后移至右腿。与此同时，两臂翻转，掌心相对，然后向左右两侧充分展开。在此过程中，身体和头部同步向后仰，尽可能地将手臂与身体展开至最大限度，做到展肩扩胸挺腰，从而有效地拉伸任脉，体会前胸的舒展与拉伸感。

4. 动作重复与换脚练习

在完成一组动作后，交换双脚进行练习，即右脚向前迈出呈高弓步，重复上述动作流程，使身体双侧得到均衡的锻炼，全面提升身体的柔韧性与协调性。

三、注意事项

1. 需手脚精准配合，在形成弓步时，要确保膝关节弯曲不超过脚尖，避免因姿势不当增加关节压力。

2. 注重脊柱的充分伸展，无论是身体前曲拉伸督脉，还是后仰拉伸任脉，都要使脊柱得到全方位的舒展，以实现对任督二脉的有效拉伸。

3. 在整个动作过程中，要时刻保持身体重心的稳定，降低摔倒等风险，确保安全、有效地完成练习。

第八章
…
少林甩臂操

风火轮

转起来

倘若你觉得压力如影随形，身体时刻僵硬紧绷，对诸事兴致索然，甚至常常陷入无端的忧惧之中，那么，请尽情来练习甩臂操吧。

看似简单的动作，实则蕴含奇妙的力量，能帮你驱散压力带来的阴霾，引领你重返纯真的童年时光，寻回那个不知忧愁、肆意欢笑的自己。让我们一同甩甩臂，让我们重新校准状态，蓄积满满的能量，再度踏上征程。

第一式 单手甩臂

若你常感手指发麻，寒冬时双手难以焐热，且手腕时常僵硬不适，不妨放松下来，轻轻甩动手臂。这个看似简单的动作，却能疏通手臂的经络，促进气血畅行，让温暖逐渐蔓延至手脚。

一、锻炼部位

二、动作要领

1. 起始站姿

保持平行站立姿态，双脚内侧间距调整至与肩同宽，确保身体重心平均分布，调整呼吸，使气息“深、长、细、匀”，呼吸节奏平稳均匀，保持身心的和谐稳定。

2. 左侧动作

从身体左侧起始，左臂缓缓向上举升，直至手臂垂直于头顶上方。与此同时，身体向上充分舒展打开，腿部保持伸直状态，

图 01

左臂缓缓向上举升，将身体向上延展

图 02

左侧甩臂

双脚脚尖轻轻踮起，将身体向上伸展。右手则自然下垂，贴于右腿外侧，保持放松。

左侧甩臂：左手臂放松下来，借助身体的带动力量，以坐胯、屈膝的动作引导，同时手腕自然下落，顺势将手臂下甩至左腿后侧。整个动作要连贯流畅，一气呵成。

3. 交替重复

完成左侧动作后，切换至右侧进行相同动作，左右两侧交替进行。重复前后甩臂动作，每组以20~30次为宜，建议进行3~4组，每组之间可稍作休息。

图 03

单手甩臂侧面

三、注意事项

1. 在将手臂向上举升的过程中，应着力充分拔伸身体，促使身体各部位全方位舒展，以达到动作的最佳延展效果，获取更理想的锻炼效果。

2. 手臂下落时，务必保持身体各部位的放松。腰部应处于松弛状态，避免僵硬；肩部应自然下沉，不耸不僵；肘部和腕部同样要充分放松，使整个手臂在下落过程中，动作自然流畅，力量顺势而下，避免因局部紧张而影响动作的协调性与连贯性。

3. 建议手腕不要佩戴任何饰品，避免在快速甩臂过程中损坏饰品，以及对手腕或身体其他部位造成意外伤害。

图 04
单手甩臂背面

图 05
交替进行

第二式 前后甩臂

试着让肩膀彻底放松，将手臂尽力伸直，把手指尽量绷直，将体内的力量尽情释放，好像能让指尖的力量穿透远方的距离。此刻，你仿若一只灵动俏皮的猴子，置身于葱郁繁茂的森林。在纵横交错的树枝间，自如地攀缘，身姿轻盈地穿梭其中，每一个动作都充满自然与活力。

一、锻炼部位

二、动作要领

1. 起始姿势

自然站立，双脚分开，内侧间距调整至与肩同宽，膝盖微微弯曲，以此保持身体的平稳与重心的稳固，呼吸均匀平稳。

2. 向前甩臂

双手自然下垂于身体两侧，随后，双臂以缓慢且流畅的动作向前甩动。甩动过程中，尽量将手臂伸直，使双臂甩至与肩同高或略高于肩部的位置,充分伸展上肢。

图 01
自然站立，起始姿势

图 02

向前甩臂，放长击远

3. 放长击远

先通过微微屈膝，使身体向下缓冲，紧接着借助蹬腿产生的力量，在发力瞬间，左臂迅速上举至与视线平行，右臂则向后伸展，与此同时，身体以脊柱为轴，向右侧旋转。头部跟随身体转动，保持动作的协调性与连贯性，双臂尽量伸直，甩至自身可达到的最大幅度，充分打开身体。

4. 交换转体

在屈膝下落的过程中，双手进行前后位置的交换上举，即原本上举的左臂下落，右臂上举至与视线平行，同时身体向左旋转，重复转体甩臂动作，保持动作的连贯性与节奏感。

图 03

交换转体，重复动作

5. 重复练习

依照上述步骤，持续重复前后甩臂动作。建议每20~30次为一组，完成3~4

组练习，每组之间可适当休息，以保证动作质量与锻炼效果。

图 04

前后甩臂侧面

三、注意事项

1. 首先调整身心状态，保持平和松弛的心态，避免紧张焦虑。同时，气息应保持平稳，均匀呼吸，不可急促或憋气，以确保身心协调，为动作的顺利进行奠定基础。

2. 整个身体应处于放松且舒展的状态，避免肌肉僵硬。动作需行云流水般流畅，各个环节衔接自然，无明显停顿或突兀之感，以展现动作的协调性与美感。

3. 手臂在甩动过程中，应尽力伸展打直，充分打开腋下空间。每一次甩动都要追求放长击远的效果，仿佛将力量延伸至远方，使动作更具力度与伸展性。

图 05

前后甩臂背面

第三式 画圆甩臂

来，把手臂奋力伸直，借助腰部力量驱动手臂，在身体前方缓缓画圆。要是你向往更紧实的腰肢，期待腹部赘肉能渐渐变少，那可别错过这个动作，不妨每日坚持练习。双臂先在左边画圆30圈，再在右边同样画上30圈。就这样坚持30天，一同见证身体焕发出令人惊喜的奇妙蜕变！

一、锻炼部位

二、动作要领

1. 起始站姿

保持平行站立姿势，双脚内侧间距调整至与肩同宽，双手自然垂于身体两侧，全身放松，确保身体重心平稳，通过深长、均匀的呼吸与动作完美配合，吸气时新鲜空气随意念下注丹田，呼气时将浊气领出窍外。

2. 左侧画圆动作

以左侧动作为起始，将肩部作为整个

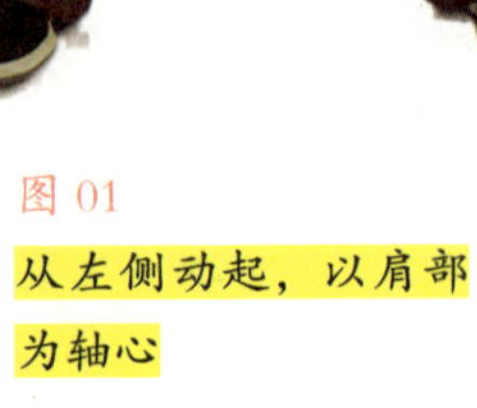

图 01

从左侧动起，以肩部为轴心

动作的轴心。双臂缓缓启动，沿着向左、向上、向下的轨迹，如行云流水般画圈甩动。在这个过程中，动作需缓慢而连贯，最终落臂至身体左下侧位置。

图 02

双臂向上

3. 身体姿态要求

在双臂画圆甩动期间，双腿应始终保持伸直状态，同时身体维持中正。画圆幅度可根据自身适应程度逐步增大，但务必时刻保持身体的稳定性与平衡性，避免因动作幅度过大而失去重心。

图 03

画圆甩臂侧面

4. 循环组数

双臂画圆甩动需按照顺时针和逆时针两个方向进行。每个方向各完成10~15圈为一组，建议进行2~3组练习，每组之间可适当休息片刻，以保证动作质量与锻炼效果。

三、注意事项

1. 手臂张弛有度：在进行“画圆甩臂”动作时，两臂向上举升过程中，需适度绷紧，使手臂肌肉处于积极的发力状态，以保证动作的规范性与力量感。而当手臂下落时，则应充分放松，让肌肉从紧张中舒缓下来，实现动作的张弛有序。

2. 上举拉伸感悟：当手臂上举至头顶上方时，身体要着力寻找一种上下拔拉的感觉。好像头顶有一股向上牵引的力量，同时脚底扎根地面，有一种向下的反作用力，借此拉伸脊柱，增强身体的伸展性与协调性。

3. 身体协同配合：向上举臂时，要同步进行提肛与收腹动作。提肛能够增强盆底的肌肉力量，而收腹有助于稳定身体核心，为手臂动作提供有力支撑。而在手臂下落阶段，身体各部位应随之松弛，避免过度紧张，确保动作的流畅性与自然性。

图 04
画圆甩臂背面

图 05
交换转体，重复动作

第四式 拧腰甩臂

全身心放松下来，轻轻拧转腰身，借由腰身的转动带动手臂，有节奏地去拍打带脉穴。那模样恰似跳起优美的锅庄舞，衣袖随风尽情舞动，满是灵动与洒脱。这时不妨在脑海中回味一些开心的人和事，体会美滋滋的感觉。

一、锻炼部位

二、动作要领

1. 起始姿势

保持平行站立，双脚内侧间距调整至与肩同宽，身体自然挺直，重心均匀分布于双脚，调整呼吸身体挺直，宛如一座沉稳的山峰，体现出一种内敛的力量。

2. 左侧动作

首先将腰身缓缓向左拧转，以腰部的扭转带动肩膀与手臂，沿着向左边方向平行画弧。在此过程中，左手臂自然下落至

图 01

将腰身向左拧转，以腰部扭转带动肩膀与手臂，向左边方向平行画弧

图 02

左手臂下落至后腰部位，右手臂落至身体左下侧

图 03

拧腰甩臂侧面

图 04

拧腰甩臂背面

图 05

交换转体，重复动作

后腰部位，右手臂则顺势落至身体左下侧，动作需连贯流畅，一气呵成。

3. 发力与姿态

在完成上述动作时，通过蹬腿发力，为身体的拧转与手臂的摆动提供充足动力。同时，要始终保持身体中正，不偏不倚，确保动作的稳定性与规范性。

4. 交替练习

完成左侧动作后，切换至右侧重复相同动作，左右交替进行。持续重复前后甩臂动作，每组以20~30次为宜，建议进行3~4组练习，每组之间可适当休息，以保证动作质量与锻炼效果。

三、注意事项

1. 练习“拧腰甩臂”时，需着重收紧

腰腹肌肉，以此为发力核心。动作起始，先以腰身的扭转带动手臂运动，过程中要提臀收腹，臀部肌肉微微提起，同时感受身体的纵向拔拉感，如同有一股力量从头顶向上牵引，使身体得到充分伸展，确保动作发力有序、协调统一。

2. 在整个动作过程中，肩膀和手臂应保持放松状态，避免肌肉僵硬。这样不仅有助于动作的流畅性，还能使力量更好地从腰部传递至手臂，增强动作效果，同时预防因局部肌肉紧张导致的疲劳与损伤。

3. 蹬腿与拧腰动作要协同腹部收紧，形成一股连贯的力量，推动身体完成动作。发力时，要感受到力量在身体各部位间的传递。当手臂下落时，应让周身肌肉逐渐松弛下来，实现发力与放松的自然转换，避免动作过于僵硬，以确保动作的节奏感与流畅性。

第九章

少林拍打操

每天30，

到老都不怕

在我们的身体构造中，有许多部位或穴位平时难以锻炼到，如肘窝、腋窝、肩井、胯窝、云门、百会以及膝窝等，这些部位堪称身体气血运行通路里的『隐秘枢纽』，极容易出现阻滞不畅的状况。

不妨尝试拍打操，以富有韵律的节奏进行拍打，通过锻炼逐一疏通这些潜藏隐患的阻塞之处。这些关键部位一旦打通，每一寸肌肤、每一处关节，都能切实感受到前所未有的轻盈与畅快。

一、拍打部位

拍打操所涉及的拍打部位，包括肘窝、腋窝、胯窝、两腘、肾俞、中脘、关元、云门、肩井以及百会，这些均是人体经络气血易于瘀滞堵塞之所。通过系统地练习拍打操，能够有效刺激经络，推动气血在经络系统中畅行无阻，进而改善人整体的气血循环状态。

所拍打的部位与人体五脏六腑之间存在着千丝万缕的内在联系。针对不同部位进行拍打，能够精准地对相应脏腑起到调节滋养的功效。具体表现如下：

（一）拍打胯窝：可健脾和胃，促进食物消化吸收，特别适合脾胃功能较为虚弱的人群，有助于增强脾胃运化能力。

（二）拍打中脘：能够调理肠胃，健脾和胃，疏通经络，改善气血运行状况，不仅有助于消化吸收，还能提升精神状态。

（三）拍打肾俞：具有益肾助阳、强

腰健骨、调节生殖功能以及疏通经络等多重功效，在养生保健方面发挥着重要作用。

（四）拍打云门：具有宣肺理气、宽胸理气、疏通经络的作用，能有效改善呼吸功能，缓解胸闷症状，减轻身体疲劳感。

（五）拍打腋窝：能够疏肝理气，调节情绪，对肝脏和心脏的养护大有裨益，起到一定的保健功效。

（六）拍打肘窝：有助于调理心肺功能，对于胸闷气短、咳嗽等不适症状具有一定的缓解作用。

（七）拍打肩井：能够疏通肩部经络，调节气血运行，促进血液循环，对于缓解肩颈不适，放松身心效果显著。

（八）拍打百会：能够促进头部血液循环，增加头部供氧量，有缓解头痛和提神醒脑的作用。

（九）拍打两腘：能够益肾强腰，对肾脏和膀胱的功能起到一定的养护作用，提升身体的整体机能。

（十）拍打关元：可调节生殖系统功能，固本培元，调理全身气血，对维护身体健康意义重大。

二、手法和力度

（一）“拍打操”手法

空心掌拍打：将手掌适度弯曲，呈自然拱形状态。在拍打过程中，可灵活运用手掌的大鱼际部位、厚实的掌根区域，或以整个手掌为着力点，进行有节奏的拍打动作。

空心拳拍打：缓缓将手握拢，形成空心拳的姿态。在实际操作时，运用拳眼部位，也就是拇指与食指相扣形成的部位，或者用拳背进行轻柔的拍打。

（二）“拍打操”力度

力度适中：对拍打力度的把控至关重要，理想的力度是让被拍打者产生微微疼痛之感，同时伴有局部发热、酸胀的微妙反应。但需特别注意，绝不能使被拍打者承受过度的疼痛，更要避免造成明显的皮肤红肿现象。初次练习拍打操，或者体质相对较弱的人，务必从较为轻柔的力度开始，随着身体对拍打的适应程度逐步提升，再慢慢增加拍打力度。

节奏均匀：在拍打过程中，节奏的稳定性不可或缺。务必保持拍打节奏均匀一致，避免出现忽轻忽重的情况。为了达成这一要求，可以依据特定的频率实施拍打，例如每秒进行1~2次的拍打动作，从而确保拍打效果的稳定性与持续性。

三、拍打要领

（一）拍胯窝

拍打部位：

呈标准站立之姿，双腿徐徐外展，使间距稍大于肩宽。随后，身体前倾并向前顶髋，精准无误地探寻到大腿内侧的腹股沟区域。此区域在人体经络体系里占据关

图 01

标准站立，身体向前顶髋，空心掌准备

图 02

有节奏地拍打胯窝

图 03

换方向进行

图 04

拍胯窝侧面

键地位，是多条经络的循行之所。

拍打手法：

可选用空心掌或空心拳，力度适中，轻柔且有节奏地拍打腹股沟。拍打方向遵循自下而上为宜，当被拍打者感受到轻微的酥麻之感，便意味着力度已然达标。每次拍打次数宜控制在30~50下，不宜过多或过少。

养生功效：

通过规律性地拍打胯窝，可以使消化不良、腹胀、便秘等常见的脾胃不适状况，获得不同程度的改善。究其原因，腹股沟乃是足三阴经的共同循环区域，经常拍打能有效疏通经络，从而缓解身体的不适与疲劳之感，促进身体机能的恢复与平衡。

（二）拍中脘与关元

拍打部位：

先明确肚脐眼的位置，以此作为核心参照点。以肚脐眼为起始，向上大致测量约五指并拢的宽度，抵达之处即为中脘所在；自肚脐眼向下测量约四指并拢的宽度，此处便是关元穴的位置。这两个穴位相邻，各自承担着独特的养生作用。

拍打手法：

采用空心掌进行拍打，力度要适中，过于轻柔达不到效果，用力过猛则会导致不适。在拍打时，可根据感受，灵活地上下交换位置，以达到最舒适的状态为最佳。同时，可左右交替拍打，每次拍打次数保持在30~50下，通过反复刺激，激发穴位的功效。

图 01

两手分别按住中脘和关元穴

图 02

采用空心掌进行拍打

图 03

拍中脘与关元侧面

图 04

换方向进行

养生功效：

拍打中脘，能够对肠胃起到良好的调理作用，可健脾胃，促进消化吸收，疏通经络，改善气血运行，进而提升整体的精神状态，让人活力满满。而拍打关元穴，则具有温补肾阳、固本培元、调节生殖系统及全身气血的重要作用，对于维持身体健康、增强身体抵抗力意义重大。对于那些食欲不振以及腰膝酸软的人群，不失为一种简单有效的养生之法。

（三）拍肾俞

拍打部位：

在人体的背部，肚脐眼正后方相对应的位置是命门穴。从命门穴向两侧横向旁开 1.5 寸的地方，左右各有一个穴位，这便是肾俞穴。肾俞穴具有调补肾气、强壮腰膝、益精补髓、利水消肿等多种功效，按摩肾俞穴能增强肾脏功能、缓解腰痛等。

拍打手法：

将手臂彻底放松，如同拨浪鼓的两个鼓槌一般，随着身体自然的转动之势，用手背轻轻击打后腰的肾俞穴位置。拍打时力道要适中，避免过重或过轻。左右交替进行拍打，每次拍打30~50下，通过这种规律性的刺激，激活肾俞穴的能量。

养生功效：

拍打肾俞具有益肾助阳、强腰健骨、疏通经络等多重养生功效，能够有效改善身体因肾虚等原因导致的不适症状，对养生保健有着极大的助力。尤其适用于那些出现耳鸣、头晕目眩、腰膝酸软等症状的人群，通过拍打肾俞穴，有助于缓解症状，恢复身体的健康活力。

图 01

将手臂彻底放松，如同拨浪鼓的鼓槌一般

图 02

用手背轻轻击打后腰的肾俞穴位置

图 03

拍肾俞侧面

图 04

拍肾俞背面

（四）拍云门

拍打部位：

需先找到锁骨下方的凹陷之处，继而探寻肩胛骨喙突的内缘，从人体前正中线分别向左右旁侧量取6寸，便是云门穴的所在。此位置恰似人体经络地图上的关键节点，是肺经起始的重要穴位，对人体气血运行有着特殊意义。

拍打手法：

准备就绪后，以空心掌的姿势开启拍打。左右两侧交替进行，拍打力度适中，过于轻柔无法激发穴位功效，用力过猛则会导致身体不适。在拍打进程中，密切关注身体感受，当感觉到拍打部位微微发热且伴有酸胀之感时，即为适宜状态，每次拍打30~50下即可。

图 01

空心掌准备

图 02

用一只手拍打云门穴

图 03

拍云门侧面

图 04

拍云门背面

养生功效：

拍打云门穴，能够起到宣肺理气、宽胸理气的作用，帮助肺脏更好地进行气体交换，让呼吸更为顺畅。同时，它还能疏通经络，有效改善胸闷不适的症状，减轻因长时间劳累、压力导致的身体疲劳。作为肺经的起始穴位，按揉、拍打云门穴，如打通了气血运行的源头，能让身体的代谢和修复功能得以更好地发挥，助力身体维持健康状态。

图 01

空心掌准备

（五）拍腋窝

拍打部位：

腋窝，处在上肢内侧与胸壁连接的凹陷部位，是上肢与胸廓之间至关重要的连接区域，左右两侧各有一处。这里不仅是众多血管、神经的汇聚之所，还分布着丰富的淋巴组织，在人体的生理功能中扮演

图 02

选择空心掌轻轻拍打腋窝

着不可或缺的角色，是气血流通与代谢的关键通道。

图 03

拍两腋侧面

拍打手法：

选择空心掌或者空心拳，以轻柔且适中的力度轻轻拍打腋窝。在拍打过程中，要留意避开乳房部位，避免造成不必要的伤害。拍打时可采用左右交替的方式，每次拍打30~50下，以身体感觉舒适为最佳标准，让身体在温和的刺激下逐渐适应并受益。

养生功效：

拍打腋窝这一养生方法，具有疏肝理气的显著功效。对于情绪容易波动、经常爱生闷气，或是长期处于身心紧张状态、压力巨大的人群而言，定期拍打腋窝能够有效舒缓情绪，放松身心，调节因情绪问题导致的气机不畅。此外，拍打腋窝对乳腺疾病也具有一定的辅助调理作用，能够

图 04

拍两腋背面

促进局部的气血流通。

（六）拍肘窝

拍打部位：

将手臂向前自然伸直，手掌心朝上，然后缓缓屈肘，此时在肘关节内侧的凹陷部位，便是肘窝。肘窝是人体经络系统中极为关键的区域，手三阴经，即肺经、心包经以及心经，均在此处交会通过，是气血运行的重要枢纽。

拍打手法：

运用空心掌或者空心拳，以适中的力度轻柔地拍打肘窝。拍打时，要密切关注身体的反应，以拍打部位感觉微微发热、酸胀为适宜的标准。左右交替进行拍打，每次拍打30~50下，依据个人身体的耐受程度，适当调整拍打力度，但避免用力

图 01

将手臂向前自然伸直，手掌心朝上，缓缓屈肘

图 02

运用空心掌，轻拍肘窝

图 03

拍肘窝侧面

图 04

交替进行

过度，对身体造成损伤。

图 01

放松身体，空心掌准备

养生功效：

首先，拍打肘窝对咳嗽、气喘、心慌等常见的心肺不适症状，有良好的改善作用。其次，拍打肘窝能够打通手臂上的手三阴经，促进经络中气血顺畅流通，有效地改善手部冰冷、手臂麻木等症状，让人重新焕发出充沛的活力。

（七）拍肩井

图 02

拍打肩井穴，力度适中，动作连贯

拍打部位：

肩井穴位于人体的肩胛区，具体位置在第7颈椎棘突与肩峰最外侧点连线的中点，且正前方直对乳中，也就是肩膀高处的中央部位。此穴位宛如人体经络中的一座重要灯塔，是多条经络气血汇聚与流通的关键之处，对调节肩部及周边区域的气血运行、维持身体的平衡状态起着举足轻重的作用。

图 03
拍肩井侧面

拍打手法：

拍打肩井穴时，首先要确保肩膀处于完全放松的状态，如此方能使拍打效果达到最佳。采用空心掌的姿势，先拍打左侧肩井穴，力度务必适中，以身体感觉微微发热、酸胀为宜。完成左侧拍打后，再以同样的方式拍打右侧肩井穴，左右交替进行，每次拍打30~50下。在拍打过程中，要注意动作的连贯性与节奏感，让拍打产生的力量能够深入穴位，激发经络气血的运行。

图 04
交替进行

养生功效：

拍打肩井穴具有疏通肩部经络、调和气血、促进血液循环的强大功效。长期坚持拍打肩井穴，能够有效缓解肩颈部位的不适症状，减轻因长时间伏案工作、不良姿势或过度劳累导致的肩部酸痛、僵硬等问题。同时，拍打肩井穴还能够帮助放松身心，舒缓因生活和工作压力所带来的紧张与焦虑情绪，让人以更加积极乐观的心态面对生活的挑战，享受健康、愉悦的生活。

（八）拍百会

拍打部位：

百会穴处于人体头部的核心位置，找寻时，先将两耳尖向上引出一条假想连线，此连线的中点，恰好在头顶正中心处。这一穴位堪称人体经络系统中的关键枢纽，诸多重要经脉在此交会，对人体的整体气血运行和脏腑功能调节起着至关重要的作用，是养生保健的要穴。

图 01

找到头顶正中心百会穴

图 02

采用空心掌，左右交替进行拍打

图 03

拍百会侧面

图 04

拍百会背面

拍打手法：

拍打百会穴时，需采用空心掌，动作务必轻柔。左右交替进行拍打，先以左手轻轻拍打，再换右手，周而复始。拍打力度以自身感觉舒适为准，每次拍打保持30~50下，让头部在温和的拍打刺激下，逐渐激发经络气血的活力。

图 01

自然站立，准备动作

养生功效：

拍打百会穴具有诸多神奇功效，它能够醒脑开窍，有效提升大脑的活力，使人思维更加清晰、敏捷；能调节气血，让身体各脏腑都能得到充足的滋养；还能缓解紧张焦虑情绪，有很好的助眠作用。

（九）拍两腘

拍打部位：

腘窝位于膝关节的后方，处于大腿与

图 02

找到腘窝，选用空心掌进行拍打

小腿后面的交界处，从外观上看，呈现为膝后区的菱形凹陷。这里是人体下肢经络气血运行的重要通道，分布着丰富的血管、神经和肌腱组织，对维持下肢的正常运动和生理功能意义重大。

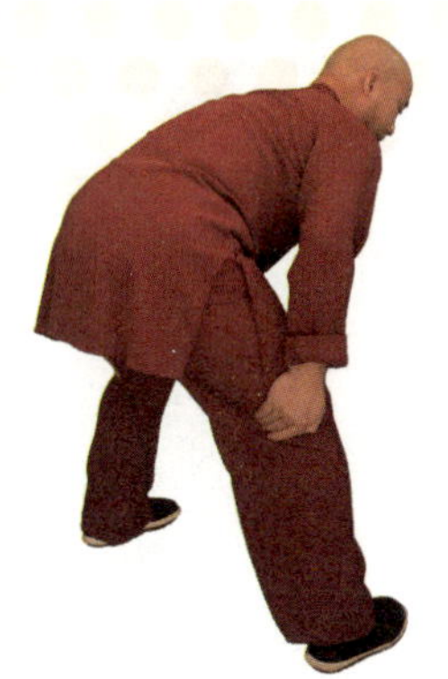

图 03
拍两腘侧面

拍打手法：

拍打腘窝时，可选用空心掌或空心拳。拍打力度需适中，既要有一定的刺激力度以激发经络气血，又不能用力过猛造成损伤。拍打过程中，左右交替进行，密切关注身体感受，以腘窝部位微微发热、酸胀为适宜状态。每次拍打30~50下，可根据个人身体状况和耐受程度适当调整拍打次数和力度。

图 04
拍两腘背面

养生功效：

拍打腘窝对人体健康有诸多益处，它能够促进腿部血液循环，为肌肉和骨骼提供充足的养分，从而有效缓解腿部疲劳和沉重感。同时，拍打腘窝还能疏通经络，改善下肢经络的阻滞情况，缓解因经络不通导致的各种不适症状。

对于患有静脉曲张和血栓风险的人群，经常拍打腘窝有助于减轻静脉曲张的症状，预防血栓形成。

此外，对于腰背疼痛、下肢关节疾病等，拍打腘窝也具有一定的辅助调理效果，能够在一定程度上缓解疼痛，改善关节活动功能，提升生活质量。

四、特别提醒

在进行拍打操养生时，需充分关注以下要点，确保安全有效地收获拍打操的益处。

（一）以下人群需谨慎

对于存在凝血障碍功能的人群，如患有诸如血小板减少、凝血功能障碍等病症，请务必慎用拍打操，极有可能因拍打刺激导致局部出血情况加剧。拍打还会刺激伤口，有皮肤破损者不应练习拍打操。

皮肤敏感、心肺功能较弱、孕妇等人群应审慎考量，在专业医生的指导下，谨慎决定是否进行拍打操，以防引发不必要的健康风险。

（二）精准把控拍打力度

拍打操的关键在于力度的拿捏。

拍打时，力度务必适中，不可过重。理想的拍打感受是身体微微感觉到疼痛，同时伴有发热与酸胀之感。用力过度极易对局部软组织造成损伤，常见的不良后果包括皮下瘀血、肿胀等情况。

这不仅无法达到养生保健的目的，反而可能给身体带来额外的伤害。所以，在拍打过程中，要时刻留意自身感受，根据身体反应及时调整拍打力度。

（三）合理选择拍打时间

拍打操的时间选择至关重要。

应避免在过饱、过饥、过度疲劳或者情绪激动的状态下进行拍打。过饱时，身体的血液主要集中在消化系统以助力消化，此时进行拍打可能干扰正常消化过程；过饥时，身体能量储备不足，难以承受拍打带来的刺激；过度疲劳时，身体急需休息恢复，拍打可能加重身体负担；情绪激动时，人体的生理机能处于不稳定状态，拍打可能进一步扰乱身体的内环境平衡。

通常而言，饭后一小时后，此时食物已初步消化，身体状态较为平稳，是进行拍打操的适宜时段。

（四）注意保暖措施

拍打操进行完毕后，身体的毛孔会处于张开状态，此时身体抵御外界寒邪的能力相对较弱。因此，一定要着重注意保暖，不宜马上接触凉水。

特别是在天气寒冷的时候，建议在温暖舒适的室内进行拍打操，并且在拍打结束后，及时穿上衣物，防止寒邪趁虚而入，引发感冒、关节疼痛等不适症状，确保拍打操带来的养生效果得以稳固维持。

我们一起

召唤开心